ÉDUCATION MORALE ET CIVIQUE

BIBLIOTHÈQUE DE LA JEUNESSE FRANÇAISE

SÉRIE IN-8° CARRÉ

UN FRANÇAIS

LE

COLONEL DENFERT-ROCHEREAU

DU MÊME AUTEUR :

Même librairie :

Abraham Lincoln, un vol. in-32 0,50

Librairie Germer-Baillière :

Garibaldi et l'Armée des Vosges, un vol. in-18 . 1,50

Librairie Degorce-Cadot :

L'École et la Liberté, un vol. in-18 1,50

Imprimerie de DESTENAY, Saint Amand (Cher).

UN FRANÇAIS

LE COLONEL DENFERT-ROCHEREAU

PAR

AUGUSTE MARAIS

Ancien Sous-Préfet de la Défense Nationale à Autun

Professeur au Collège et à l'École préparatoire de Sainte-Barbe

Ouvrage recommandé par le ministère de l'Instruction publique pour les Bibliothèques populaires et pour les bibliothèques de la ville de Paris, par M. le Préfet de la Seine (circulaire du 9 janvier 1884.

NOUVELLE ÉDITION

PARIS

Librairie Centrale des publications Populaires

H.-E MARTIN, DIRECTEUR

45, RUE DES SAINTS-PÈRES

1884

AUX FRANÇAIS D'ALSACE

HOMMAGE

A. M.

Le colonel Denfert-Rochereau.

CHAMBRE
DES DÉPUTÉS

Versailles 15 février 1873

Monsieur

Je tiens à vous écrire ces quelques lignes pour vous remercier de l'envoi de votre brochure sur M. Senard, ancien ministre de l'Empire. J'ai lu avec intérêt les détails que vous donnez sur ce personnage, quoi qu'il faille espérer que, comme les hommes de l'Empire, il ne reviendra plus au pouvoir.

J'ai été assez heureux pour faire placer dans le [Palais] et assister à la séance du 2 février les personnes qui m'ont apporté cette brochure

Recevez, Monsieur, [l']assurance de mes sentiments dévoués,

Col Denfert-Rochereau

AVANT-PROPOS

Quelque opinion que l'on ait sur les opérations
militaires de la Défense Nationale en 1870, qu'on
les approuve ou qu'on les blâme, il est un fait in-
discutable, le gouvernement manqua d'hommes.
Est-ce donc à dire que le nombre lui fit défaut?
Non, certes. Dès le premier moment, Paris fut debout. Bientôt, à la voix de Gambetta, la province se
leva comme Paris. Mais les vrais et solides soldats,
les chefs à l'esprit élevé, à l'âme intrépide, capables
de tous les dévouements, inaccessibles à aucun autre sentiment qu'à celui du devoir, est-ce que la
France les trouva? Hélas! L'événement a répondu·
Pourtant quelques-uns, beaucoup même, furent dignes de leurs aînés, tinrent haut et ferme notre
drapeau et restèrent d'autant plus grands que tout
autour d'eux fléchissait, tombait.

C'est la vie d'un de ces vaillants que l'on entre-
prend de résumer ici.

UN FRANÇAIS

LE

COLONEL DENFERT-ROCHEREAU

I

Naissance et débuts militaires du colonel Denfert. — Belfort. Denfert chef du génie à Belfort jusqu'en 1870.

Denfert-Rochereau (Pierre-Marie-Philippe-Aristide) naquit à Saint-Maixent (Deux-Sèvres) le 11 janvier 1823. Il était fils de René-Clovis Denfert-Rochereau, percepteur à Saint-Maixent et de Marie-Constance David La Noue. La famille Denfert *de* Rochereau, attachée au culte protestant, était ancienne. Originaire de la Beauce, elle était venue se fixer en Saintonge. Le *d* fut supprimé par l'arrière-grand'père du colonel Denfert-Rochereau et depuis lors le nom resta toujours sans particule. De bonne heure, le futur colonel du génie montra de remarquables dispositions pour les sciences exactes. Après d'excellentes études, il entra à l'Ecole Polytechnique, d'où il passa à l'Ecole d'Application

de Metz. En sortant, au mois de février 1845, il fut
nommé lieutenant du génie. Il était le *premier* de sa
promotion. Officier, il se fit constamment remarquer
par son zèle dans l'accomplissement de ses devoirs mi
litaires et aussi par son désir d'apprendre. La simplicité
la dignité de sa vie et la sûreté de son commerce lui
assuraient l'estime de tous ceux qui l'entouraient. Il
fit campagne dès 1849 ; il avait été attaché au corps
d'armée qui, sous le commandement du général Oudi-
not, fut envoyé d'abord à Civita-Vecchia, puis à Rome.
Raconter comment l'odieuse politique de Louis Napo
léon, alors Président de la République, amena d'abord
un conflit entre les troupes françaises et les patriotes
italiens qui avaient privé le pape de son pouvoir tem-
porel, et proclamé la République italienne à Rome,
nous mènerait trop loin. Qu'il nous suffise de dire que
les Français durent assiéger Rome défendue par Garibaldi et que la tâche fut rude, particulièrement pour
les deux armes de l'artillerie et du génie. Le lieutenant
Denfert se distingua si bien par son intelligence, son
savoir et surtout par une bravoure à toute épreuve,
qu'il fut en même temps promu capitaine et décoré.
Cela est d'autant plus remarquable que ni sa religion
ni ses opinions politiques n'étaient de nature à lui ga-
gner les sympathies des hommes qui réglaient alors
l'avancement dans l'armée. Tous affichaient le catho-
licisme le plus fanatique, et Denfert, comme ses ancê-
tres, était protestant. Tous étaient ennemis de la République : or, si la sincérité de Denfert lui interdisait
d'étaler ses convictions républicaines, sa fière loyauté
lui avait fait un devoir de les affirmer à l'occasion.

Cinq ans plus tard, nous retrouvons Denfert au siège
de Sébastopol (1854-1855). Il se distingue de façon
toute particulière par son intrépidité, d'abord à l'attaque du Mamelon Vert (9 juin), puis au premier assaut

dirigé contre Malakoff (18 juin 1855.) Dans cette dernière et très-chaude affaire, il fut blessé à deux reprises. Du 10 décembre 1855 au 26 avril 1860, le capitaine Denfert fut professeur-adjoint du Cours de constructions à l'Ecole d'Application de Metz et remplit ces fonctions à la satisfaction de tous. L'Empire lui-même ne pouvait méconnaître tant de mérite et de signalés services : le capitaine Denfert fut attaché à l'état-major du Génie en Algérie. Il était encore en Algérie lorsqu'il fut promu au grade de chef de bataillon, le 13 août 1863. On a fait remarquer avec raison que cet avancement était rapide pour l'arme du Génie et qu'il était dû évidemment à un mérite tout particulier. En 1866, Denfert était, par rang d'ancienneté, le 83e chef de bataillon de son arme. C'est alors qu'il fut nommé chef du Génie de la place de Belfort et chargé de la construction du fort des Barres, situé à l'Ouest, au-delà des faubourgs de la ville. Il est bien évident que, là encore, Denfert se fit remarquer : en 1868, il recevait la croix d'officier de la Légion d'honneur. Mais voyons un peu quelle avait été, avant son arrivée, l'histoire de la ville qu'il devait d'abord fortifier, puis défendre si glorieusement.

Avant la désastreuse guerre de 1870 la frontière française était couverte, à l'Est, d'abord par le cours du Rhin, depuis Huningue jusqu'à Lauterbourg, puis par la chaîne des Vosges beaucoup plus élevée, comme l'on sait, dans sa partie méridionale que vers le Nord [1]. Le traité de Westphalie qui, en 1648, nous avait amenés au bord du Rhin, en nous assurant l'Alsace, ne nous avait pas assuré Belfort, dont le maréchal de la Ferté

---

[1] Le ballon de Guebwiller, entre les vallées de Munster et de Saint-Amarin, mesure 1.426 mètres ; le ballon d'Alsace, plus au Sud encore, n'en a que 1.257. Mais le Mont-Tonnerre, point culminant de la chaîne vers le Nord, ne s'élève qu'à 682 mètres.

prit possession en 1654. Seulement Belfort nous était
d'autant plus utile ou mieux d'autant plus indispensable qu'entre l'extrémité méridionale des Vosges et la
partie nord du Jura le terrain s'abaisse brusquement,
de façon à former une profonde et large dépression.
C'est ce qu'on a appelé du nom très-caractéristique de
trouée de Belfort. Fermer cette porte ouverte à un envahisseur voulant pénétrer soit au sud de la France par
les vallées de la Saône et du Doubs, soit au centre par
les vallées de la Marne et de la Seine, après avoir fran-
chi le plateau de Langres, fut une des plus vives préoc-
cupations de Louvois. Le 15 octobre 1686, il recom-
mandait à Vauban « de bien examiner ce qu'il y avait à
« faire à Belfort, Sa Majesté étant informée que, depuis
« la construction de Huningue [1], les Allemands sont
« persuadés qu'ils ne peuvent plus entrer en France
« qu'en laissant Basle sur leur droite [2]. » Louvois disait-
il ici toute sa pensée ? N'avait-il pas été frappé de la
facilité avec laquelle Turenne, profitant de ce que les
Impériaux un instant maîtres de l'Alsace, en 1674, n'a-
vaient pas pensé à lui fermer la *trouée* de Belfort, avait
tourné les Vosges pour les surprendre dans leurs can-
tonnements de Mulhouse, de Colmar, et les écraser ?
N'avait-il pas pensé que la manœuvre exécutée par Turenne passant de Lorraine en Alsace pour sauver la
France pouvait être retournée contre nous ? On peut le
supposer, même après avoir lu la lettre que nous citons
plus haut.

Quoi qu'il en soit, Vauban vint à Belfort en avril
1687, et c'est dans son projet de fortification de cette
place, daté du 1er mai, que l'on trouve la première ap-

[1] Fortifiée par Vauban dès 1668, Huningue formait avec le
Rhin notre première ligne de défense de ce côté.

[2] Ce détail est emprunté à Augoyat, *Aperçu historique sur les
fortifications*, 1860.

plication du tracé de fortification que l'on appelle le *second système* de Vauban [1]. Il entoura la ville, assise au bord de la Savoureuse, d'une double enceinte bastionnée. Puis il la relia au rocher de 50 à 60 mètres qui la domine vers le sud-est, et qu'il transforma en une vaste citadelle appelée le *Château*. Celui-ci fut pourvu de trois enceintes concentriques, « formées de deux fronts « bastionnés chacune et d'un cavalier très-élevé à l'in- « térieur de la troisième enceinte. Cela constitue cinq « étages de feux, car le cavalier comporte un étage de « feux supérieurs, à ciel ouvert, et un étage inférieur « formé par une série de casemates à canons [2]. » Au nord de la ville, Vauban éleva un ouvrage à cornes, nommé l'Espérance et dont les canons devaient battre la vallée de la Savoureuse, en amont [3]. Assises sur d'énormes blocs de rocher, couvertes en avant par le lit de la Savoureuse, les fortifications de l'Espérance sont encore aujourd'hui des plus respectables.

Il en fut de Belfort comme de toutes les autres places construites par le grand ingénieur du dix-septième

---

[1] Le *Magasin Pittoresque* du 31 janvier 1883 a donné la reproduction d'un très-curieux tableau de Tony Robert-Fleury représentant Vauban à Belfort.

[2] La *Défense de Belfort*, écrite sous le contrôle de M. le colonel Denfert-Rochereau, par MM. Edouard Thiers, capitaine du génie et S. de la Laurencie, capitaine d'artillerie, anciens élèves de l'école polytechnique, de la garnison de Belfort, deuxième édition, p. 13. — D'après M. Littré, *Dict.* t. I, p. 512, on appelle *cavalier* un « amas de terre dont le sommet compose une plate-forme sur laquelle on dresse des batteries de canon. »

[3] *Ibid.* p. 18. Selon M. Littré, *Dict.* t. I, p. 812, on entend « par *ouvrage à cornes* une pièce extérieure dont la tête est fortifiée de » deux demi-bastions joints par une courtine et fermés de deux » côtés par deux ailes parallèles l'une à l'autre. » — On sait que le *bastion* est un grand corps de terre soutenu par des murailles, du gazon ou de la terre battue et disposé en pointe sur les angles saillants d'un corps de place. On appelle *courtine* le front de la muraille d'une place forte.

2

siècle. Pendant plus de 160 ans, il resta tel que l'avait laissé Vauban : on jugea inutile d'y rien ajouter. Cependant il subit deux sièges, en 1814 et en 1815. Du 25 déc. 1813 au 12 av. 1814, c'est-à-dire pendant trois mois et demi, il fut bombardé avec acharnement par les Bavarois et les Wurtembergeois du maréchal de Wrède que le prince de Schwartzenberg, en pénétrant en France par la vallée de la Marne, avait laissés derrière lui pour réduire Huningue et Belfort [1]. La place n'avait pour garnison que quelques milliers d'hommes empruntés aux dépôts de divers régiments. Mais le commandant, le chef de bataillon Jean Legrand, avait fait les campagnes du Rhin de 1792 à 1796. Ni les souffrances des habitants et de la garnison, ni les rigueurs de l'hiver, ni la famine, ne purent triompher de son héroïque constance. Il capitula cependant, mais seulement lorsque les bombes eurent détruit la fontaine qui alimentait la ville.

En 1815, la défense fut encore plus remarquable. Cette fois c'était l'un des vainqueurs de Zurich et de Hohenlinden, l'un des plus braves et des plus habiles généraux des armées de la Révolution, que l'ennemi rencontrait devant lui. Aux jours de ses triomphes, Napoléon n'avait voulu voir dans Lecourbe que le républicain convaincu et il l'avait toujours tenu à l'écart. Quand vinrent les désastres, il se souvint de Lecourbe comme il s'était déjà souvenu de Carnot. Du reste le défenseur de Belfort, en 1815, fut à la hauteur du commandant d'Anvers en 1814. Les Autrichiens étaient très nombreux : Lecourbe n'avait avec lui que 16.000 soldats et gardes nationaux ; après avoir fait élever deux petites redoutes en terre sur les hauteurs des Perches,[2] plus éle-

---

[1] V. Dussieux, le *Siège de Belfort*. ps. 12 et 13.

[2] Voir page 24, la carte n° 1. La date de 1841 est gravée au fronton de la porte du Vallon.

vées que le Château et distantes d'environ 900 à 1.000 mètres, au lieu de s'enfermer dans la place, il alla hardiment au-devant de l'ennemi. Il le harcela, l'attaqua et défendit si bien toutes les positions avantageuses que la chute de Napoléon arriva avant que les Autrichiens eussent pu commencer les travaux d'attaque contre la forteresse même. Les souvenirs du siège de 1815 sont encore très-vivants à Belfort. On se rappelle volontiers, surtout aujourd'hui, que durant les nombreux armistices alors conclus, Autrichiens et Français fraternisaient. Des danses s'organisaient, Français et Autrichiens s'y firent souvent vis à-vis.

La Restauration ne fit rien pour Belfort. Mais, sous le règne de Louis-Philippe, on reconnut que la place d'Huningue, en cas de guerre, serait bien peu tenable, que les progrès déjà réalisés par l'artillerie l'avaient transformée en véritable « nid à bombes » On résolut donc d'ajouter aux défenses de Belfort. On éleva les forts de la Miotte et de la Justice, situés l'un en face de l'autre, chacun sur un rocher escarpé, absolument inabordable, et à mille mètres environ des remparts de la ville. La Miotte, dont le point culminant est à 459 mètres au-dessus du niveau de la mer, fut rattachée à la Justice qu'elle domine de dix mètres, par des ouvrages appelés le Front du Vallon. Deux autres lignes de fortifications à peu près parallèles relièrent les deux forts au château et à la ville et enfermèrent un assez grand espace que l'on nomma tantôt le Vallon, tantôt le camp retranché de Belfort [1].

---

[1] Vue du fond du Vallon, la ligne qui rattache le Château à la Justice présente l'aspect le plus saisissant. Elle est formée par une série d'énormes blocs de rocher qu'on disait avoir été rangés là par des bras de géants. Nous n'oublierons jamais la profonde impression qu'elle nous causa la première fois qu'il nous fut donné de la contempler. Voir carte n° 1

Il ne faudrait pourtant pas croire que, grâce à ces travaux, la place de Belfort fût à l'abri des attaques d'un ennemi nombreux et résolu. Le terrain ondulé, coupé de ravins, semé de bois au milieu duquel Belfort est situé, prête beaucoup aux surprises. En outre, alors que l'artillerie se transformait complètement et que la portée des pièces passait de 500 à 5.000, à 6.000 mètres même, la plupart des défenses de la place perdaient beaucoup de leur solidité. En effet la ville de Belfort ne domine pas ses alentours : c'est elle, au contraire, qui, sur la plupart des points, est dominée par les hauteurs voisines. Regardons d'abord le Nord-Est. En face du Vallon, au-delà d'une dépression large d'environ 4.000 mètres et dont le fond est occupé par l'étang de la Forge, nous rencontrons les montagnes boisées dites la forêt d'Arsot [1]. Leurs sommets se dressent jusqu'à 506 mètres, c'est-à-dire à 40 et 50 mètres au moins plus haut que la Miotte dont elles sont distantes de 4 à 5.000 mètres. Or, on se rappelle que de tous les ouvrages de Belfort la Miotte est celui qui atteint la hauteur la plus considérable, c'est-à-dire 459 mètres. Toutefois la distance, l'étang et la vallée de la Forge, l'escarpement du rocher sur lequel sont assises la Miotte et la Justice rendent l'attaque bien difficile par le Nord-Est.

Il n'en est pas de même à l'Ouest. Au delà de la vallée de la Savoureuse, qui le sépare de l'Arsot, s'élève un autre massif également couronné de bois. Le sommet principal, appelé le grand Salbert ou le Salbert, dépasse la plaine où est situé Belfort de 280 mètres ; il mesure 600 et même 650 mètres et est à 3.500 ou 4.000 mètres des remparts. Un peu plus loin, vers le Sud-Ouest, on rencontre la Côte, dont la hauteur extrême est de 460 mètres, tandis que les plateaux des Barres et de Belle-

---

[1] Voir la carte nᵒ 1.

vue, qui touchent aux faubourgs de Belfort, atteignent seulement 375 mètres. Mais la position la plus dangereuse pour la ville, du moins de ce côté, est assurément le Mont. Situé entre le Salbert et la Côte à 2 kilomètres et demi des murs de Belfort, il les commande complètement ; il atteint 480 mètres, c'est-à-dire 100 de plus que le plateau des Barres, qui lui fait face. On voit dès à présent quelles étaient l'importance et la difficulté de construction du fort des Barres. Il ne fallait pas seulement lui donner un relief très-considérable, le munir d'immenses traverses en terre, afin de bien abriter son intérieur contre le feu d'un ennemi occupant le Mont et les hauteurs voisines ; on devait encore le pourvoir de grandes casemates servant de casernes. En outre, afin qu'il pût défendre utilement la vallée de la Savoureuse, soit en amont, soit en aval, il devait avoir des proportions considérables. Le commandant du Génie de Belfort, au dire de tous les hommes compétents, comprit fort bien quelle était sa tâche et travailla non moins bien à la remplir. Le fort des Barres touchait à la tranchée du chemin de fer de Paris, en avant de la gare de Belfort. Avec les déblais de la tranchée, Denfert entreprit de construire, entre le fort et la ville, un grand Front [1] en terre, auquel il donna le nom de Front des Faubourgs. Il poussa ces travaux avec la plus grande rapidité, autant toutefois que le lui permettaient les fonds mis à sa disposition. Au moment de la guerre, le Front des Faubourgs était encore en construction, mais le fort des Barres était à peu près terminé.

Dès lors il était beaucoup plus difficile à un ennemi de rendre le Vallon intenable et d'empêcher les communications entre la ville, la Miotte et la Justice, comme il

---

[1] *Front,* en terme de fortification, s'entend généralement de la partie du rempart comprise entre deux bastions voisins. Voir Littré et la carte n° 1.

eût pu le faire s'il avait occupé le plateau des Barres. Mais cela ne lui était pas impossible cependant. Etabli un peu plus bas, sur le plateau de Bellevue, il eût encore pris à revers le Vallon et en enfilade tout le côté droit du Château, compromis très-sérieusement les communications entre la ville, la Miotte et la Justice.

Le commandant Denfert insista donc vivement pour qu'un fort fût construit à Bellevue en même temps que la gare et les faubourgs seraient couverts par des lignes en terre [1]. On fit accueil à sa proposition, on établit même un projet et on le mit à l'étude. Mais les années s'écoulèrent et la décision n'était pas encore prise lors de la déclaration de guerre, en 1870. L'ennemi avait donc là un point d'attaque tout trouvé. Celui-ci était d'autant meilleur que, si les défenseurs de Belfort occupaient à l'Est les positions de Perches, comme l'avait fait Lecourbe dès 1815, de Bellevue on prenait à dos les ouvrages des Perches et on les isolait en réalité de la place. Les Basses Perches (415) et les Hautes Perches (430 mètres) sont situés à 900 mètres seulement du Château et, comme nous l'avons vu déjà, le dominent tout à fait. Or, le Château pris, Belfort tombe aussitôt. Sans se laisser rebuter ni par les lenteurs administratives, ni par les fins de non-recevoir qu'on lui opposait, le commandant du Génie de Belfort, dès qu'il fut arrivé à son poste, prouva que le fort des Barres et le Front des Faubourgs perdaient presque toute leur force si l'on n'occupait pas les Perches. Rappelant à chaque instant l'excellent parti que Lecourbe avait su tirer de ces positions, il envoya lettres sur lettres, demandes sur demandes, réclamations sur réclamations. Hélas ! Il en fut des efforts du commandant Denfert à peu près comme des quelques travaux d'armement faits avant la guerre. Ainsi on se

[1] Voir la carte numéro 2.

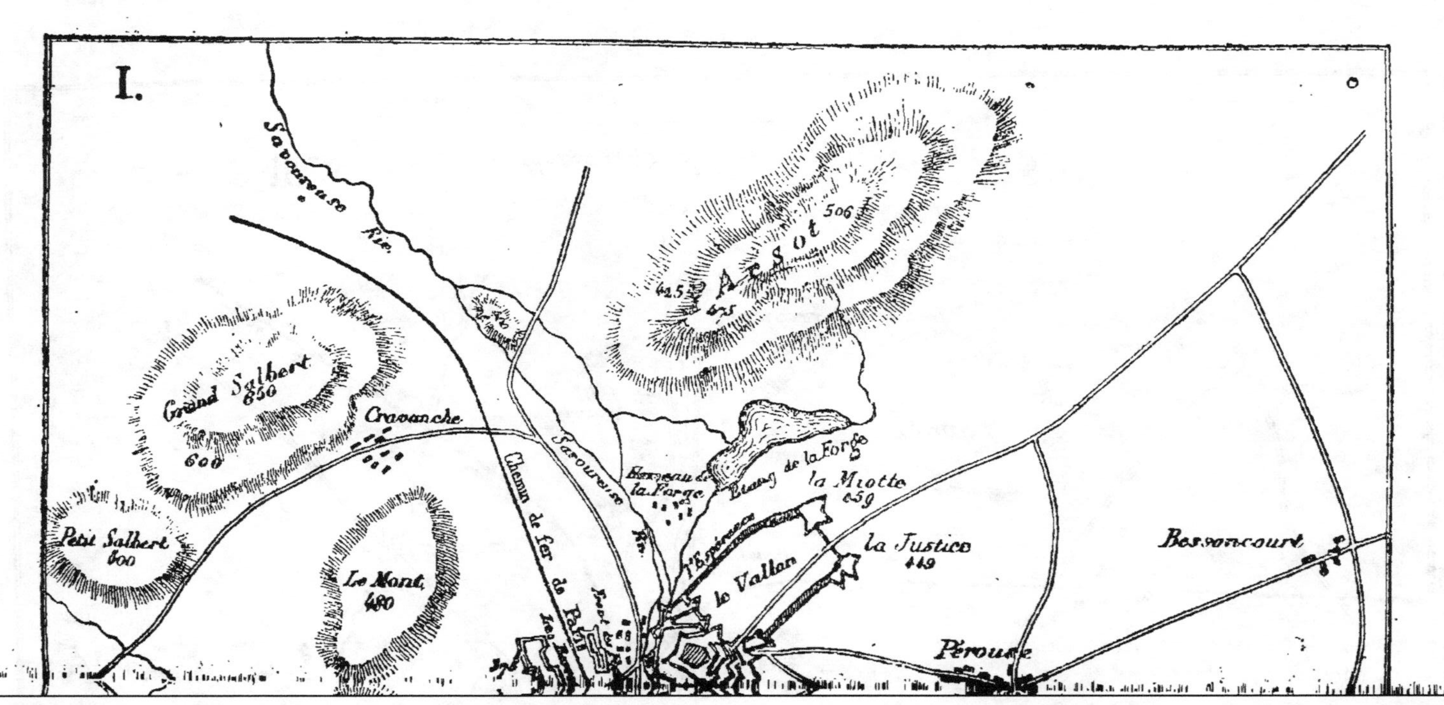

I.
Savoureuse Riv.
Arsot
506
62.5
475
480
Grand Salbert
650
600
Cravanche
Petit Salbert
600
Le Mont
480
Chemin de fer de Paris
Savoureuse Riv.
Hameau de la Forge
Étang de la Forge
la Miotte
539
l'Espérance
Fort du
le Vallon
la Justice
449
Pérouse
Bessoncourt

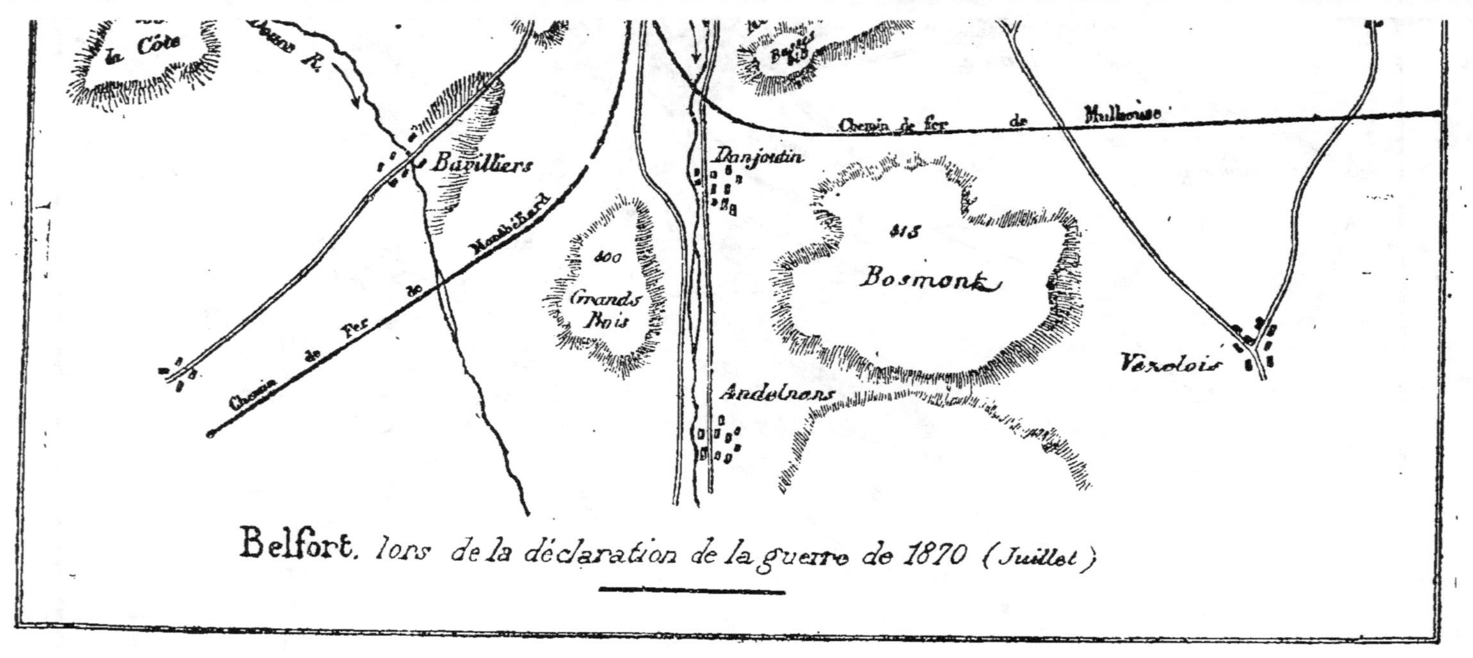

Belfort. lors de la déclaration de la guerre de 1870 (Juillet)

rappelle que nos chassepots, grâce à une impardonnable légèreté, furent entassés dans les deux arsenaux de Strasbourg et de Metz où l'ennemi n'eut qu'à les ramasser, après la prise de la première et l'abandon de la seconde par Bazaine. Sur les instances de Denfert, une commission, présidée par le général Frossard, fut chargée d'examiner la question des Perches. Elle déclara et démontra que qui tenait les Perches tenait Belfort. Naturellement on ne remua pas une pelletée de terre. Mais le rapport fut expédié à la direction du Génie de Strasbourg. On l'y conserva soigneusement pour les Prussiens qui en tirèrent parti, comme nous le verrons plus tard[1].

[1] V. Dussieux, p. 17. — Pour toute la partie technique de ce travail, nous avons tiré parti du très-remarquable ouvrage de MM. Thiers et de la Laurencie : *la Défense de Belfort*.

Denfert chef du Génie à Belfort, du mois de juillet au 17 octobre 1870. — Il est nommé commandant supérieur. — Ses
idées. — La place est investie.

C'est à Belfort que le 7ᵉ corps de l'armée du Rhin devait se former, au commencement de la guerre de 1870,
et sous le commandement du général Félix Douai. Une
dépêche du général Michel, chargé d'un commandement
au 7ᵉ corps, est dès à présent célèbre. Elle suffit, à elle
seule, pour montrer le désarroi absolu dans lequel la
déclaration de guerre jeta l'administration de l'Empire,
et, à ce titre, nous ne pouvons nous dispenser de la rappeler. La voici donc textuellement, d'après le Recueil
des *Papiers trouvés aux Tuileries* :

Général Michel à Guerre, 21 juillet.

*Arrivé à Belfort, pas trouvé ma brigade, pas trouvé
ma division. Sais pas où sont mes régiments.*

Le *Service de la bouche*, était, paraît-il, mieux dirigé que le Ministère de la Guerre. A Metz et à Châlons, pendant la guerre, les belles pêches du potager impérial arrivèrent toujours à temps pour le dessert de l'Empereur et des officiers de sa maison [1].

Cependant le général Douai s'était rendu lui-même à Belfort, accompagné du général du Génie Doutrelaine. Ce dernier était chargé du commandement de son arme au 7e corps. C'était un officier intelligent et actif. Denfert s'empressa de lui faire connaître Belfort. Il fut frappé du peu de solidité que présentaient les défenses de la forteresse, et il ordonna d'achever en toute hâte le Front, d'élever les lignes des faubourgs, les forts de Bellevue, des Basses et Hautes Perches. Aussitôt Denfert mit à l'œuvre des ouvriers civils et les quelques soldats dont il pouvait disposer. Nous disons les quelques soldats, parce que le 7e corps, enfin formé tant bien que mal, quitta bientôt la ville, laissant derrière lui quatre ou cinq mille mobiles du Haut-Rhin, et une demi-batterie d'artilleurs à pied, sous le commandement du capitaine de la Laurencie, qui devait compléter l'armement de la place. Le général de Chargère, du cadre de réserve, était commandant supérieur de la ville. Mais la situation de celle-ci était si précaire et si bien connue qu'au lendemain du désastreux combat de Wissembourg (4 août) le bruit de l'entrée d'un corps ennemi dans Belfort, sans coup férir, courut presque tout Paris et ne rencontra d'abord aucun incrédule.

Cependant Denfert donnait aux travaux de défense la plus vive impulsion. Il était fort bien secondé par un ingénieur des Mines, M. Choulette, par deux ingénieurs des Ponts-et-Chaussées, MM. Châtel et Krafft, tous trois

---

[1] Voir Dussieux : Le *Siège de Belfort*, page 9. Le *Service de la bouche* coûtait d'ailleurs assez cher pour qu'il fût bien exact. Il exigeait 994.877 francs par an.

devenus capitaines du Génie auxiliaire et par les capitaines du Génie Degombert, Edouard Thiers [1], Brunelot et Quinivet. Mais, ce qui ne contribuait guère à lui faciliter l'accomplissement de sa tâche, c'étaient les perpétuels changements de gouverneurs. Ainsi, au bout d'un mois à peine, le général de Chargère était remplacé par le général Cambriels. Mais Cambriels ayant presque aussitôt été nommé au commandement de l'armée des Vosges, le général de Chargère reprenait son poste. Il n'y resta que quelques jours. Dès le 7 octobre il faisait place au général d'artillerie Crouzat, pendant que Denfert était promu au grade de lieutenant-colonel, pour lequel il était depuis longtemps proposé. Le 17 octobre, il fallut envoyer le général Crouzat à l'armée des Vosges et choisir pour Belfort un gouverneur à titre définitif. Mais qui nommer?

Le général du Génie Véronique était attaché à la délégation de Tours. Il connaissait la situation de Belfort et aussi le mérite de Denfert. Il proposa à Gambetta alors ministre de la guerre, de nommer Denfert com, mandant supérieur de Belfort. Gambetta suivit le conseil ; il éleva le lieutenant-colonel Denfert au grade de colonel à titre provisoire [2] et le fit commandant supérieur de Belfort. La lettre suivante, écrite à Gambetta par Denfert, en septembre 1871, montre parfaitement quels étaient ses sentiments et ses idées. Il la mit en tête du très-remarquable récit que nous avons déjà plusieurs fois cité, et qui fut écrit sous son contrôle par deux de ses principaux collaborateurs: *La défense de Belfort :*

---

[1] M. Thiers a quitté l'armée, M. Quinivet est aujourd'hui Colonel du Génie, directeur à Oran.

[2] La loi reconnaît aux officiers de l'armée la propriété de leur grade. Ainsi un capitaine ne peut être ramené au grade de lieutenant ; un général à celui de colonel. mais seulement lorsque ce capitaine ou ce général a été nommé à titre définitif.

A monsieur Léon Gambetta, membre du Gouvernement
e la Défense Nationale.

« Monsieur,

Au moment où Belfort allait être appelé à lutter con-tre l'ennemi, vous m'avez promu colonel, le 17 octobre 1870, avec mission de diriger, comme commandant su-périeur, la défense de cette importante forteresse.

Trois causes ont surtout contribué à la longueur de notre résistance. Les deux premières, tout à fait tech-niques : *défense des positions extérieures soumises au canon et de la forteresse même et de ses ouvrages avancés ; appli-cations de nouvelles méthodes à la mise en action de l'ar-tillerie*, ressortent clairement de la relation de cette dé-fense. La troisième cause, en quelque sorte d'ordre mo-ral, demande quelques explications.

La discipline, telle qu'on la comprend généralement, semble devoir consister dans une obéissance absolue et aveugle aux ordres du chef. Le grade et les fonctions de ce dernier lui confèrent ainsi une sorte d'infaillibilité qui n'admet de la part des inférieurs ni représentations, ni explications, ni commentaires.

Cet esprit d'obéissance aveugle s'est de plus en plus exagéré sous le dernier Empire et, joint à l'influence que la loi de 1832 et l'ordonnance de 1838 donnent aux chefs sur la carrière de leurs subordonnés, il a fini pa empêcher presque complètement, entre l'inférieur et ʝe supérieur, tous rapports verbaux et toute discussion ʝechnique suffisamment libre, pour qu'ils puissent s'éclairer mutuellement.

Ces mœurs, essentiellement prétoriennes, permettaient du reste aux chefs de plus en plus nombreux qui n'arri-vaient aux premiers rangs que par le favoritisme impépérial de masquer sans trop de peine leur incapacité et leur ignorance.

Le passé du génie militaire français m'avait offert, Monsieur, d'autres traditions. A mon entrée au service, des relations faciles existaient encore entre les officiers des divers grades de cette arme. Nos chefs les plus capables, loin de rechercher l'exécution muette de leurs ordres, provoquaient assez souvent des discussions techniques qui offraient le double avantage d'accroître l'autorité morale du chef et d'amener une solution généralement avantageuse de la question mise en discussion.

Sous l'influence délétère de l'Empire, ces mœurs républicaines avaient de plus en plus fait place dans l'arme même du Génie aux mœurs prétoriennes; mais certains officiers, et j'étais du nombre, les avaient conservées et n'avaient eu qu'à s'en applaudir.

Promu au commandement supérieur de la place de Belfort, j'ai, continuant cette tradition, admis à venir discuter avec moi non-seulement les officiers auxquels je voulais confier le commandement des positions ou des opérations militaires, mais encore tous ceux qui croyaient pouvoir donner un avis utile à la défense.

Les lumières que m'ont fournies sur des points très divers bon nombre d'officiers de la garnison ont beaucoup assuré et facilité ma tâche. Ces mêmes militaires ont ensuite apporté, dans l'exécution des ordres, d'autant plus d'énergie et de résolution qu'ils avaient pris une certaine part au conseil et qu'ils étaient plus pénétrés du but à atteindre.

Non-seulement j'ai pu profiter ainsi des études et des réflexions des officiers les plus intelligents, mais encore apprécier la valeur de chacun d'eux et, sans violer la hiérarchie, je me suis attaché à assigner aux plus capables, quel que fût leur grade, les postes les plus importants, et j'ai débarrassé leur action de toute entrave en les gardant sous mon contrôle direct et immédiat.

Cette règle de conduite m'a permis, Monsieur, d'obtenir de ces militaires non plus seulement un concours apparent et plus ou moins inconscient résultant de l'obéissance passive, mais, ce qui est bien supérieur, un concours libre, intelligent et actif à l'exécution d'ordres précis, qu'ils savaient avoir été précédés d'une étude consciencieuse.

Grâce à cette même règle de conduite, imitée du reste par certains militaires sous mes ordres, plusieurs officiers ont pu acquérir dans leur rayon d'action une grande autorité morale profitable à la défense, et quelques-uns étaient universellement connus et de la population et de la garnison.

J'ai tenu, Monsieur, à ce que ces faits fussent mis en lumière dans la relation de la *Défense de Belfort* dont j'ai chargé deux des officiers qui ont pris à cette défense une part des plus actives. La France sera, je n'en doute pas, heureuse de trouver dans cette relation, en même temps que le récit sincère des faits, les noms et les services des militaires qui m'ont le plus secondé.

C'est grâce à vous, Monsieur, qu'il m'a été donné de présider à la défense de Belfort et d'y faire application de ces principes techniques et moraux qui nous ont permis d'opposer à l'ennemi une résistance qu'il n'a pu vaincre. La loyauté me commande donc de vous faire hommage de ce succès, et c'est à ce titre que je vous prie d'accepter la dédicace de cette relation écrite sous mon contrôle.

Veuillez également, Monsieur, agréer l'expression de ma vive gratitude.

DENFERT ROCHEREAU.

Colonel du génie, ex-commandant supérieur de Belfort.

3

Ainsi faire que dans l'armée même l'autorité fût attribuée au mérite beaucoup plutôt encore qu'au grade ; que le commandement parlât au nom de la raison plutôt qu'en invoquant la force brutale ; que l'armée redevînt une famille dans laquelle grands et petits s'entendraient toujours, grâce à leur commune affection pour la Patrie, voilà ce que voulait, ce que faisait le colonel Denfert. Il avait grandement raison de rappeler qu'en agissant ainsi il reprenait la tradition qui nous avait valu les gloires militaires de la première République. L'événement même devait justifier sa conduite : l'obéissance aveugle, la religion de la consigne nous valut la trahison de Bazaine et la perte de Metz : l'obéissance raisonnée et l'amour de la France nous ménagèrent la glorieuse résistance de Belfort. Fidèle à ses préjugés, le vétéran Changarnier, à Metz, refuse d'écouter le jeune général Clinchant qui, invoquant l'intérêt supérieur de la Patrie, vient lui signaler un moyen d'empêcher Bazaine de livrer à la Prusse notre dernière espérance. A court de raisons Changarnier invoque le bénéfice de l'âge. Puis quand il s'est ainsi couvert, il arrête Clinchant par les mots : « Je n'aime pas les braillards. » Et le même Changarnier, à quelques heures de là, est obligé de subir, sans protester, l'exécution du marché par lequel Bazaine livre, à la Prusse, 23 millions de cartouches, 3 millions de projectiles, « 1.665 pièces de canon [1] » nos drapeaux et plus de 160.000 soldats furieux, désespérés de ne pouvoir combattre [2] !

[1] Voir Dussieux, p. 16.

[2] Evidemment c'était le regret, le remords de cette impardonnable faute, qui décida un jour Changarnier à ramasser une ignoble invention des amis de Bazaine pour la jeter à la face de Denfert. Dans la séance de l'Assemblée nationale du 28 mai 1871, Changarnier accusa Denfert de s'être caché dans une casemate. — Cela ne m'atteint pas, répondit tranquillement Denfert. Et un

Il eût été fort étrange que l'auteur de la lettre à Gambetta n'eût pas tenu à assurer une entente parfaite entre la population civile et la garnison. Denfert ne pouvait professer à l'endroit du *pékin* le dédain superbe affecté par les beaux officiers-valseurs des Tuileries, plus aptes du reste à mener un cotillon qu'à commander une compagnie, qu'à défendre une ville. Aussi eut-il soin de faire appel au patriotisme des habitants de Belfort. En prenant le commandement, il leur adressa la proclamation suivante :

Habitants de Belfort,

« Le ministre de la guerre m'a nommé colonel et m'a investi du commandement supérieur de la place. Appelé à succéder à M. le général Crouzat, dont nous avons tous apprécié le patriotisme, l'énergie et les grands talents militaires, je ferai tous mes efforts pour marcher sur ses traces et justifier la confiance dont le ministre m'a honoré.

Commandant du Génie dans la place depuis plusieurs années, j'en ai étudié les ressources et je crois en connaître la valeur. Les nouveaux travaux exécutés depuis la guerre ont augmenté, dans une notable proportion, nos moyens de défenses.

Dans la situation où nous sommes tous, citoyens et soldats, nous n'avons qu'un devoir : Vaincre ou mourir. Ce fut la devise de nos pères en 1792 et ce doit être aussi la nôtre. J'ai pu apprécier, à plusieurs reprises, le patriotisme des citoyens de Belfort, et je crois que la France peut compter sur leur dévouement absolu à la Patrie et à la République. »

autre républicain, M. Laurent-Pichat, ajouta : Vous vous appelez Metz et nous nous appelons Belfort.

Il n'était pas possible de réclamer en meilleurs termes l'union de tous les Français, quelle que fût leur condition, pour le salut de la Patrie.

Hâtons-nous toutefois de reconnaître que le colonel Denfert ne jugea pas à propos de faire appel à certaines gens qui, depuis, ne lui ont ménagé ni les critiques, ni les attaques, ni les calomnies. Mais eut-il tort ? Qu'on en juge ! Dès le mois d'août, le général de Chargère avait convoqué le conseil de Défense et lui avait demandé s'il était utile d'occuper les villages de Pérouse et de Danjoutin, de garder les Perches. Tous les assistants se prononcèrent pour la négative. Seul, Denfert émit l'idée que nous connaissons déjà. Nommé gouverneur, il ne crut pas pouvoir réclamer un concours qu'il savait d'avance lui être refusé. Il ne réunit pas le conseil et se tourna vers des hommes d'élite, dont il fit les confidents de toutes ses pensées. C'étaient d'abord les officiers de son état-major particulier, M. Donzé, ancien élève de Saint-Cyr, capitaine au 45e de ligne, homme d'une modestie, d'une intelligence et d'une activité remarquables; M. Mathiot, lieutenant au 45e de ligne, ancien élève de St-Cyr, comme M. Donzé, et aussi échappé à Sedan comme M. Donzé ; M. Belin [1], lieutenant de la garde mobile, MM. Châtel et Krafft, ingénieurs des ponts-et-chaussées, M. Wehrlin, ancien industriel de Mulhouse [2], des ingénieurs, des officiers du génie et de l'artillerie, d'anciens élèves de l'Ecole polytechnique etc. Mais aussi, dès ce moment, toutes les incapacités, les jalousies, les vanités, les petites ambitions déçues s'entendirent pour accuser le commandant

---

[1] M. Belin est aujourd'hui l'un des premiers avocats du barreau de Besançon.

[2] Père d'une famille nombreuse et âgé déjà de 45 ans, M. Wehrlin n'avait pas hésité à s'engager comme simple soldat. Il est aujourd'hui courtier à Paris.

supérieur d'orgueil, de despotisme, de dictature. Pouvait-il en être autrement ?

Denfert ne se préoccupa pas un seul instant de ces misères. Il avait bien d'autres soucis, d'ailleurs. Il fallait pousser avec la plus grande activité les travaux de Bellevue, des Perches, fortifier les villages d'Andelnans, de Danjoutin, de Pérouse, le hameau de la Forge[1], démolir et reconstruire sur un nouveau plan les lignes des Faubourgs. Déjà, pour entraver la marche des colonnes d'attaque ennemies, on avait déboisé le bois de la Perche, en laissant à une soixantaine de centimètres au-dessus du sol des souches pointues entre lesquelles on avait tendu un inextricable réseau de fil de fer. Mais il fallait exécuter le même travail en avant des lignes sud des Faubourgs et du fort de Bellevue. Il fallait aussi, soit dans la ville, soit dans les forts, soit au Château même, blinder les casernes, les magasins à poudre, les ambulances, créer des abris pour l'artillerie et pour les hommes, enfin approvisionner la place que l'Empire, incapable de nourrir ses armées, avait laissée dépourvue de tout. Cette dernière œuvre était d'autant plus difficile que la plupart des routes mettant en communication Belfort avec le sud de la France avaient été coupées sur l'ordre du comité de défense de Dijon avant même la nomination de Denfert au poste de gouverneur. De plus, maîtres du département des Vosges depuis la défaite des troupes du général Dupré à la Burgonce (6 octobre) et la retraite peu expliquée, peu explicable de Cambriels et de ses soldats sous les murs de Besançon, les Prussiens occupaient et rançonnaient toute la Haute-Saône, une partie même du Doubs. Besançon, où l'Empire avait tout négligé comme à Belfort, ne pouvait être d'aucun secours

---

[1] V. la carte n° 2.

pour cette dernière ville. De petits corps, commandés par le colonel **Perrin** et l'ancien député officiel[1] **Keller** tenaient encore la campagne dans le sud du département du Haut-Rhin, dans la chaîne méridionale des Vosges, aux environs de Belfort. Mais que pouvait la présence de ces quelques hommes pour relever le moral des populations ? A la veille et au début de la guerre les fanfaronnades des personnages officiels leur en avaient imposé. Le mot du président du Sénat **Rouher** à **Napoléon III** :« Votre armée est prête, Sire » ; celui du ministre de la guerre, maréchal **Lebœuf**, au corps législatif : « **Nous** sommes prêts, trois fois prêts; il ne nous manque même pas un bouton de guêtre ; » le cri « A Berlin ! » poussé par les familiers des Tuileries et les compères de la Préfecture de police, avaient fait illusion.

La confiance était presque générale et aussi profonde qu'aveugle. Mais, en revanche, l'abattement qui suivit le réveil ne fut que plus complet après Wissembourg, Reischoffen, Forbach, Spikeren, Sedan, Strasbourg tombé, Metz et l'armée de Bazaine investis, les trois quarts de l'Alsace occupés, Neuf-Brisach, Schelestadt pris, Mulhouse à la discrétion de l'ennemi, la Lorraine, la Champagne, l'Ile de France envahies et Paris assiégé. Que devaient penser, à Belfort et dans les environs, ceux qui avaient d'abord rêvé d'Austerlitz et d'Iéna, puis qui avaient vu succéder à la débandade du 7e corps, avec le général Douai, après Reischoffen, la débandale du corps des Vosges avec Cambriels? Toutefois, ils reprirent bien vite leur sang-froid et à la stupeur d'un

---

[1] On appelait ainsi, sous l'Empire, les députés que le gouvernement lui-même présentait dans tous les arrondissements et faisait élire à grand renfort de menaces et de promesses, de violences et de faveurs. Tous les fonctionnaires devaient soutenir, et publiquement, « le candidat » de l'empereur.

instant succéda la plus généreuse, la plus patriotique colère.

Repoussés devant Besançon (Combats de Châtillon, d'Auxon-Dessus, de Cussey et de Voray 23 et 24 oct.), les Prussiens se rabattaient· sur la Côte-d'Or et marchaient sur Dijon dont ils devaient s'emparer le 30 octobre, non pas sans pertes, grâce à l'énergique résistance de la vieille cité républicaine. Ils pouvaient dès lors entreprendre le siège de Belfort en négligeant Besançon. Dès le 29 octobre, surlendemain de la capitulation de Metz, ils avaient commencé un mouvement vers le Sud. Mais ils ne surprirent pas les nôtres, cette fois. Depuis quelque temps déjà Denfert avait fait couvrir et éclairer avec le plus grand soin toutes les routes aboutissant à Belfort, et particulièrement celles de Strasbourg et de Mulhouse, ainsi que les chemins qui les relient. Il comptait voir déboucher l'ennemi du côté de l'Alsace; c'est en effet ce qui arriva. Le capitaine du génie Thiers, avec deux compagnies de francs-tireurs et trois de mobiles, occupait Dannemarie pour garder et détruire au besoin le viaduc du chemin de fer de Mulhouse : il avait poussé ses avant-postes jusqu'aux portes de cette ville. M. Keller, à la tête de ses francs-tireurs et d'une compagnie de mobiles, gardait à Thann l'entrée de la vallée de Saint-Amarin et la route de Strasbourg à Belfort. Renforcé le 31 octobre, il fut attaqué et débordé le premier novembre. Aussitôt Denfert fit exécuter les derniers travaux nécessaires pour la destruction du viaduc de Dannemarie ; il prévint le colonel Perrin, la place de Besançon et le Ministère de la guerre, à Tours. Après avoir engagé celui-ci, si toutefois il le pouvait, à lancer sur les Prussiens occupant la vallée de la Saône des troupes qui, en en cas de succès, menaceraient les communications des ennemis vers le Nord, il fit une dernière demande de munitions. Puis il entreprit de défendre les abords de la place. D'après lui, les Prussiens devaient se diviser en deux colonnes pour envelopper Belfort à la fois par le Nord et par le Sud. De plus, le meilleur moyen de les arrêter, c'était de s'établir solidement dans les deux villages de Gros Magny et de Roppe[1]. Cette fois encore, l'événement justifia ses prévisions. Dès le 2 novembre au matin les Prussiens, en nombre de beaucoup supérieur, tentèrent vainement de déloger le 1er bataillon des mobiles du Rhône, qui défendait Roppe. Après plusieurs heures d'une lutte acharnée et qui leur coûta bien plus cher qu'aux Français, ils durent battre en retraite. Pendant ce temps le détachement français resté à Dannemarie détruisait le viaduc de la Largue et mettait pour toute la durée de la campagne l'ennemi dans l'impos ibilité absolue de se servir du chemin de fer de Mulhouse. Malheureusement le bataillon de la Haute-Saône, qui occupait Gros Magny, ne tint pas assez ferme. Il devait être soutenu par les francs-tireurs de M. Keller. Celui ci reçut bien l'ordre du colonel Denfert ; il en accusa même réception : il n'en disparut pas moins[2]. Deux braves compagnies des Vosges qui accou-

---

[1] Voir la carte nº 1.

[2] Il paraît qu'il fila sur Tours et ne donna plus signe de vie jusqu'au moment de l'organisation de l'armée de l'Est. Il assista à Villersexel et nous avons même entendu dire que c'est là qu'il vit pour la première fois les casques prussiens. On n'en demanda pas moins un jour, à l'Assemblée de Bordeaux, s'il était vrai qu'avec ses francs-tireurs, il avait arrêté 30,000 Prussiens. Il avait été nommé à l'Assemblée nationale par le département du Haut Rhin. Lorsque, la paix une fois votée et l'Alsace cédée, toute la députation d'Alsace se retira, M. Keller, en récompense de tous ses services, réclama de M. Thiers le poste d'ambassadeur de la République Française à Vienne. Il fut éconduit. Mais, dès ce jour, il attaqua en toute occasion et avec une extrême vivacité la République, Gambetta et les républicains. Il est vrai que, parmi les cléricaux, bien peu sont aussi ardents que lui.

raient d'elles-mêmes et avec le plus louable empressement au secours du bataillon ne purent l'arrêter dans sa retraite. Les Prussiens s'avancèrent jusqu'à Sermamagny, sur la route de Belfort à Giromagny. Quant au commandant Duringe et aux mobiles du Rhône, menacés d'être coupés de Belfort par suite de l'échec qu'avait subi le bataillon de la Haute-Saône, ils durent être ramenés vers la place. Toutefois, le 3, ils soutinrent un nouveau combat contre deux colonnes ennemies à Eloie, au nord de la forêt de l'Arsot, ne reculèrent que pied à pied, et se maintinrent en avant du village de la Forge. Cependant les Prussiens, déjà maîtres de Bessoncourt, Chèvremont et Vézelois à l'Est de Belfort, comme de Sermamagny et de Giromagny au Nord, complétèrent l'investissement en occupant Châlonvillars et Buc à l'Ouest, Banvillars et Sévenans au Sud. Quel était leur nombre ? 25.000, disent les auteurs de la *Défense de Belfort* ; 10.000, si nous en croyons .e capitaine prussien Wolff[1]. La vérité est probablement entre ces deux chiffres extrêmes. Ce qui est certain, c'est que, non pas seulement d'après MM. Thiers et de la Laurencie, mais selon le capitaine Wolf lui-même, les Prussiens auraient été obligés de se retirer si le colonel Perrin, qui se déroba comme M. Keller, se fût au contraire entendu avec lui pour seconder les efforts de Denfert et de la garnison. Wolf dit expressément : « Si « le corps du colonel Perrin avait voulu agir en même « temps que la forteresse, il eût pu menacer sérieuse- « ment l'investissement. » L'empressement avec lequel l'état-major ennemi envoya des renforts aux assiégeants confirme également cette opinion. Dès le 8, le général prussien recevait un régiment et un bataillon, puis

Plus d'une fois, il a gêné par ses excès de zèle jusqu'aux plus acharnés d'entre eux.

[1] Le Siège de Belfort en 1870-71, p. 63.

aussitôt après une partie de la 4ᵉ division de réserve que lui laissait le général de Schmeling, après la prise de Schelestadt et de Neuf-Brisach. Quant au commandant de Belfort, il ne pouvait plus compter que sur lui-même. Comment supposer qu'après tant de déceptions, de défections et de défaites, le gouvernement de Tours pût quelque chose pour une place située à l'extrême frontière ?

II

—

Au moins Belfort n'avait pas à redouter la famine. Prévenus de vieille date, les habitants, dont le nombre était descendu à 4.000 par suite de départs nombreux, s'étaient munis de 91 jours de vivres. Avec les approvisionnements des marchands et de la municipalité, la population civile pouvait ainsi se nourrir pendant plus de 130 jours. Quant à la garnison, voici quelles étaient ses ressources :

« On avait pour plus de 180 jours de farine, biscuits,
« riz et légumes secs ; des viandes salées et un troupeau
« d'environ 1.000 bêtes à cornes, pouvant durer plus de
« 150 jours, en alternant convenablement la consom-
« mation de la viande fraîche avec celle des viandes
« salées ; une grande quantité de café ; du vin et de
« l'eau-de-vie pour 150 jours. On avait de 100 à 150

« ours de fourrages pour les bêtes, mais comprenant
« peu de foin. Enfin nous devions conserver jusqu'au
« bout la possession d'une partie au moins des villages
« d'alentour, ce qui permit d'en tirer des ressources en
« légumes, pommes de terre, viande fraîche et fourra-
« ges[1]. »

Les 16.000 hommes qui formaient la garnison étaient
de provenance fort différente. Ainsi l'armée régulière
n'était représentée que par deux bataillons du 84e et du
45e de ligne, le dépôt du 45e, une demi-batterie d'artillerie à pied du 7e, quatre demi-batteries à pied du 12e
et une demi-compagnie du 2e du génie.

La *garde nationale mobile* avait fourni : Trois compagnies d'infanterie, trois batteries et une compagnie du
génie provenant du Haut-Rhin ; deux batteries de la
Haute-Garonne ; quatre bataillons de la Haute-Saône ;
quatre du Rhône ; cinq compagnies de Saône-et-Loire
et deux des Vosges. Enfin le Haut-Rhin avait encore
formé trois compagnies de mobilisés ; la garde nationale sédentaire de Belfort comptait 390 hommes et le
commandant supérieur disposait en outre d'environ
100 douaniers, ainsi que de quelques gendarmes à che-
val et cavaliers isolés restés à Belfort. L'infanterie, le génie et les cinq compagnies de Saône-et-Loire avaient le
fusil Chassepot ; le reste de la mobile des fusils à taba-
tière ou des Snyders ; la garde sédentaire, les anciens
fusils. On disposait de 400 cartouches par homme
pourvu d'une arme à tir rapide ; pour les autres fusils,
l'abondance de munitions était extrême. Les trois mille
soldats de l'armée permanente étaient d'une très grande
solidité ; les mobiles du Rhône et des Vosges rache-
taient par leur patriotique élan l'insuffisance de leur
instruction. Tous les autres mobiles étaient à former.

[1] Défense de Belfort, p. 82.

Quelques officiers avaient bonne volonté, mais le savoir et souvent l'aptitude militaire leur faisaient complétetement défaut.

L'armement de la place ne laissait pas moins à désirer. Pas une seule pièce du dernier modèle adopté, c'est à dire de 24 rayé. Pas un artifice éclairant ou incendiaire. Pas une mitrailleuse : M. Bornèque, à force d'habileté, vint à bout d'en fabriquer ou plutôt d'en inventer une. Les affûts étaient peu nombreux ; il fallait les ménager ; on s'y prit de telle façon que beaucoup d'entre eux supportèrent plus de 5.000 coups sans céder. Sur 300 bouches à feu « plus de la moitié était « constituée par des mortiers ou des canons lisses, pro-« pres seulement à la défense rapprochée et au tir de la « mitraille dans les fossés, en cas d'attaque de vive force[1]. » On avait des obus sphériques en quantité suffisante ; des boulets sphériques pleins et des bombes en abondance. Mais les boulets ronds étaient fort peu efficaces ; quant aux bombes qui, comme les boulets sphériques, provenaient des munitions accumulées dans la forteresse par Vauban, elles se brisèrent bien souvent sous les charges que l'on dut employer. Il eût fallu 100.000 obus oblongs de plus. Le prédécesseur du colonel Denfert avait eu le grand tort de repousser l'offre que lui faisait le directeur des forges d'Audincourt[2] de fournir immédiatement tout ce qui serait nécessaire au tir de la place, quelle que fût la durée du siège. La sourde opposition de certains officiers de l'Arsenal empécha plus tard le colonel Denfert de tirer tout le parti possible de la fonderie qu'il avait établie à Belfort, grâce au concours de

[1] Défense de Belfort, p. 80.

[2] Audincourt est situé à l'E. de Montbéliard, sur le Doubs. Voir carte nº 3. A peine maîtres de cette bourgade, les Prussiens fondirent dans l'usine des obus avec lesquels ils bombardèrent Belfort. Voir Dussieux, 45.

MM. Bornèque et Choulette. Il ne put obtenir que 2.000 projectiles oblongs pleins. Encore étaient-ils fort défectueux ; beaucoup, nous disait un témoin, éclataient sur le dos de ceux qui les lançaient. Dès lors, et quoiqu'il prit soin de réserver les boulets ronds et les obus sphériques pour le moment où l'ennemi viendrait à bout d'attaquer la place de près, le commandant fut obligé bien souvent de modérer le tir, alors qu'il eût été fort utile de rendre à l'ennemi, admirablement armé et approvisionné, coup pour coup. On ne put jamais guère renvoyer à l'ennemi que le quart des projectiles qu'il lançait lui-même.

Là n'était pas cependant la plus grande difficulté. Ce qui pouvait avant tout compromettre la ville, c'était l'énorme supériorité de portée des pièces ennemies sur les canons français. D'accord avec le capitaine S.. de la Laurencie, Denfert para au danger par l'emploi du *tir indirect*. Cette méthode avait déjà été employée pour les mortiers, mais c'était la première fois qu'on l'appliquait en grand. L'un des auteurs que nous avons plus particulièrement suivis, M. Dussieux, nous paraît l'avoir très-clairement expliquée d'après MM. Thiers et de la Laurencie [1] dans les lignes ci-dessous :

« Le *tir indirect* est celui dans lequel le but à atteindre échappe à la vue du pointeur, qui règle son tir sur des repères fixes avec précision. Dans ce cas, au lieu de faire tirer les pièces à embrasure ou à barbette [2], on les dispose derrière des masses couvrantes, casernes, maisons, sur les places de la ville, dans les fossés des ouvrages, les plaçant de telle sorte que les projectiles, lancés sous l'angle convenable, puissent aller au but par dessus les masses couvrantes. On tire sans voir l'ob-

[1] Voir le siège de Belfort, pages 41 et 42.
[2] Tirer le canon à barbette, c'est le tirer à découvert, sans se cacher derrière un épaulement en terre.

jectif, mais des observateurs, bien placés pour apprécier les coups, indiquent les rectifications à faire au pointage. Le tir une fois réglé, on peut tirer la nuit avec une justesse à peu près égale à celle que l'on a obtenue pendant le jour ; on change seulement le repère : une lumière à la place d'un piquet.

« La méthode du tir indirect met à l'abri des vues de l'ennemi les pièces et leurs servants, avantage considérable sur lequel il n'est pas besoin d'insister. L'ennemi ne peut apercevoir de nulle part les pièces ainsi disposées. Il ne peut donc pas régler son tir contre elles, et elles n'ont à craindre que des coups de hasard. Aussi celles qui furent établies à Belfort ne souffrirent-elles pas, pour ainsi dire, du feu exceptionnellement violent et prolongé dirigé contre la place et restèrent-elles, à peu près toutes, en batterie jusqu'au bout.

Avec le tir indirect, la pièce étant à l'abri derrière une masse couvrante quelconque, mur, maison, etc., on peut augmenter l'angle du tir et bénéficier ainsi du maximum de portée de la pièce. La pièce n'étant plus limitée dans une embrasure, on peut même la retourner, et elle peut tirer dans toutes les directions, même en arrière. De cette façon on peut accumuler sur un point quelconque un feu puissant partant de différents points. »

D'ingénieux procédés permirent de doubler, de tripler même et au delà, la portée de la plupart des pièces. C'est ainsi que les canons de 24 rayés tirèrent, non plus jusqu'à 2.000 , mais jusqu'à 6 et 7.000 mètres. Grâce à cela, l'ennemi fut constamment tenu à distance et si bien que, pendant cent jours, les portes ne furent pas fermées, les ponts pas levés. Une des pièces du Château gênait à ce point l'ennemi qu'il lança pour l'éteindre — le fait est constant — plus de 20.000 obus. Avec un remarquable à propos, par une délicate et touchante attention, soldats et habitants baptisèrent leur pièce favo-

rite d'un petit nom fort en faveur en Alsace : on l'appela
Catherine. Pour l'immense majorité des assiégés Catherine devint la voix, la personnification même de la résistance. Miné par les fatigues et la maladie, un jeune
homme, presque un enfant, agonisait dans une maison
située auprès du Château. Canons, mortiers, obus faisaient rage. Tout-à-coup un bruit bien connu réveille
en quelque sorte le mourant. « Qu'est-ce que c'est que
cela? demande-t-il. — « C'est Catherine [1]. » — « Ah!
bon ! Les Prussiens ne sont pas encore ici. » Cinq minutes après le jeune patriote expirait.

Tous les canonniers, ceux de la mobile comme ceux
de la ligne, bien encadrés et bien commandés, furent
admirables de courage, de patience et de dévouement.
Deux d'entre eux méritent même une mention toute
particulière. D'abord le vieux maréchal des logis Huyghes. Il s'était admirablement conduit pendant tout le
siège, et c'est lui qui tira « à huit heures trente-cinq minutes du soir le 13 février, le dernier coup de canon de
cette épouvantable guerre de 1870-71 dans une pièce de
24 du Château [2]. » Puis le maréchal des logis l'Herrou.
Toutes les nuits « le maréchal des logis l'Herrou, du 7e
d'artillerie, lançait à l'ennemi de 120 à 130 bombes, vers
la fin du siège. Le mortier qu'il servait était placé au
milieu même de la cour du Château ; on le mettait en
batterie à l'aide de câbles entrant dans les casemates,
et le maréchal des logis restait seul dehors. Il fut dans
une même nuit blessé trois fois, sans vouloir abandonner son rude service, ni quitter son poste si périlleux [3]. »

[1] A Catherine Ie, devenue enfin hors de service, usée par son
propre tir, on découvrit une digne héritière, Catherine II. Quant
à l'anecdote, elle nous a été racontée par l'un des défenseurs de
Belfort, qui veillait son neveu.

[2] La Défense de Belfort, p. 411.

[3] Ib. p. 399.

Outre ceux dont il forma son état-major particulier et que nous avons cités plus haut, le colonel Denfert trouva dans les différentes armes des officiers dignes des sous-officiers Huyghes et l'Herrou. Le commandant de l'artillerie du Château, le capitaine S. de la Laurencie, fut de ceux là. Impossible d'imaginer nature plus distinguée, nous a dit un bon juge ; c'était un homme de race dans toute l'acception du mot, le véritable officier français. Plein d'instruction et d'activité, esprit fécond en ressources, il fit en outre preuve d'un courage admirable. Un jour une poutre s'abattit de près de 50 mètres de hauteur sur lui et le blessa aux deux cuisses : il se fit étendre dans une sorte de caisse et continua de commander à ses hommes. Le capitaine du génie Degombert, qui fut blessé mortellement le 7 janvier au combat de Danjoutin, avait montré une merveilleuse variété d'aptitudes, un dévouement, un courage à toute épreuve. Quant au capitaine du génie Thiers, on peut dire que ce fut sous un bombardement furieux, non pas seulement qu'il défendit, mais construisit le fort de Bellevue. Son incroyable ardeur, son indomptable énergie, ne se démentirent pas un seul instant. La lutte était son élément, on pourrait dire sa passion. Insensible à la fatigue, ignorant absolument le danger, il trouvait dans son patriotisme de tels accents qu'il rendait des forces même aux hommes épuisés de fatigue : ceux que n'entraînait pas son éloquence ne pouvaient pas résister à l'autorité de son exemple. Au besoin, d'officier il se faisait soldat, maçon, charpentier, manœuvre, terrassier, et avec succès. Toujours en tenue irréprochable, rasé de frais et soigneusement ganté, le commandant Chapelot, du 84e de ligne, était en effet toujours de cérémonie. Presque pas de jour sans sortie et pas de sortie sans le commandant Chapelot. C'est lui qui dirigeait les mobiles, couvrait

leur retraite et arrêtait l'ennemi. Le second du commandant, le capitaine d'infanterie Perrin, comme son
chef, avait sur les soldats un irrésistible ascendant.
« En avant ! » disait le commandant à la compagnie
Perrin. Et la compagnie, impassible comme ses deux
officiers préférés, s'avançait sans tirer jusqu'à trois
cents mètres de l'ennemi. « Maintenant amusez-vous ! »
criait le capitaine. Ancien sergent, M. Perrin, aussi bon
pour ses hommes qu'inflexible pour le service, avait en
effet de ces façons de dire qui enlèvent le soldat. Un
jour un jeune officier de mobiles se plaignait à lui de
ce que ses soldats manquaient d'élan : « S'ils ne marchent pas, on leur brûle la cervelle, et l'on dit qu'ils
sont venus au monde comme ça ! » Les capitaines du
génie Quinivet, Brunetot, Journet, tué lors de l'attaque
des Perches, le 26 Janvier ; MM. Choulette, Krafft et
Bornèque [1], capitaines du génie auxiliaire ; MM. Mariage
et Blot, capitaines d'artillerie de la mobile ; les lieutenants d'artillerie Gérard et Schuller, ce dernier tué à
Bellevue, M. de Prinsac, d'abord fourrier des mobiles
de la Haute-Saône, puis lieutenant d'une compagnie
d'éclaireurs formée de mobiles, le capitaine Porret, commandant d'une autre compagnie d'éclaireurs formée
d'hommes d'élite, méritent également une mention
toute spéciale. Vieux soldat, doué d'un sang-froid
merveilleux, d'une bravoure vraiment héroïque, affirment tous ceux qui l'ont vu à l'œuvre, le capitaine Porret était fort bien secondé par son lieute

[1] Nous avons déjà mentionné M. Bornèque, à propos de la
création d'une mitrailleuse. Si nous ne nous trompons, il prêta
son concours aux nombreuses entreprises qui furent faites pour
permettre à la place de communiquer avec les départements non
envahis. Il fut de ceux qui essayèrent, quoique avec peu de
succès, de construire et de lancer des ballons. Bref, son dévouement fut au-dessus de tout éloge. Il dirige aujourd'hui l'une des
principales usines de l'arrondissement de Montbéliard (Doubs.)

nant et par ses sous-officiers. L'un de ces derniers, M. R. Lépine[1], des mobiles du Rhône, se distingua particulièrement et reçut une blessure des plus graves.

La population civile fournit aussi au commandant supérieur de Belfort de très-précieux auxiliaires. L'énergique préfet que le 4 septembre avait donné au département du Haut-Rhin, après avoir disputé pied à pied le terrain à l'envahisseur, avait compris que sa place était à Belfort du moment où c'était la seule ville du département sur laquelle flottât le drapeau tricolore Il entra dans Belfort le 16 octobre. Nous donnons plus loin le patriotique, le chaleureux appel qu'il adressa à ses administrés pour les engager à se serrer autour du Château et du colonel Denfert. Dès à présent, nous devons dire que nul, plus que lui, ne travailla, ne réussit à soutenir les courages pendant ces longs jours d'épreuves et de dangers. Ancien élève de l'école polytechnique, M. Grosjean était fort bien préparé au rôle que nos malheurs lui assignaient. Il le remplit de telle façon que, plus tard, lors des élections pour l'Assemblée nationale, le département du Haut-Rhin le nomma, on peut le dire, député par acclamation. M. Mény, maire de Belfort depuis 1855, fut également à la hauteur des circonstances. Capitaine des pompiers pendant quatre ans, deux fois médaillé, puis nommé chevalier de la Légion d'honneur pour actes de dévouement avant le siège, M. Mény ne pouvait pas se démentir : il fut admirable d'activité, de persévérante énergie. Il ne bravait pas seulement le péril, il l'appelait, le provoquait, jouait en quelque sorte avec lui. Un soir, il entre à la Préfecture : les jeunes collaborateurs de M. Grosjean qui, tout en faisant leur service administratif, prenaient part aux reconnaissances et aux sorties, se reposaient un instant

---

[1] Actuellement sous-préfet de Fontainebleau.

des fatigues d'une rude journée. « Messieurs » dit-il,
« qui veut venir faire visite aux obus ? » Alors M. Grosjean : « Voyons, M. le Maire, vous savez bien que tous
« les jours, à cette heure, ces messieurs ont fait leurs
visites. » M. Stéhelin, avocat, M. Duquesnay, capitaine
des pompiers, méritent aussi d'être cités au premier
rang parmi ceux auquels les patriotes, les **Français,**
doivent un tribut d'éloges et de reconnaissance.

Depuis le commencement jusqu'à la fin du siège, l'immense majorité des habitants fut admirable de patriotique désintéressement, de courage, de froide et inébranlable résolution. Tel n'est pas, nous le savons, l'avis
d'un écrivain que nous avons déjà plusieurs fois cité :
M. Dussieux[1]. A l'en croire « la ville livrée à elle-même
« n'était pas d'avis de se défendre ; les déplorables
« exemples donnés partout de garnisons et de popula-
« tions, d'armées même, capitulant lâchement, sans
« combattre ou après un simulacre de résistance, avaient
« affaissé le patriotisme des habitants de Belfort. La
« garde mobile alors ne valait pas grand'chose ; pas
« mal d'officiers de la garnison croyaient peu au succès,
« partant à l'utilité de la défense ; bref Denfert aurait
« été d'avis de capituler et d'ajouter son nom à la liste
« déjà bien longue de ceux qui avaient déshonoré le dra-
« peau de la France, qu'il aurait trouvé presque tout
« le monde satisfait de ne pas faire son devoir. » Hélas !
qui ne la connaît, la série des défaillances, tranchons
le mot, des lâchetés ? Elle est en effet bien longue. Mais
est-ce que ces « déplorables exemples » furent « donnés
partout ? » Serait-il équitable, sensé même, de faire
peser sur la patriotique population de Metz, sur la brave
et malheureuse armée que vendit Bazaine, une part de
l'infamie qui revient tout entière au condamné de

---

[1] Le Siège de Belfort, p. 54.

Trianon ? Quant aux soldats de Sedan abattant à coups
de fusil le drapeau blanc, le *torchon*, comme ils l'appelaient, arboré au-dessus de la sous-préfecture par Napoléon III, suaient-ils donc la peur comme le misérable
dont l'incapacité et la lâcheté allaient les livrer à l'ennemi ? Personne n'oserait le prétendre. Mais pourquoi
donc accuser la population de Belfort ? Serait-ce par
hasard pour grandir le mérite et la gloire de Denfert ?
Ils n'ont pas besoin de cela. Allons plus loin. Sur quelles
preuves s'appuie-t-on ? Quels faits, quels témoignages
invoque-t-on ? Comment se fait-il que cet « affaisse-
ment » dont Belfort aurait été saisi n'ait laisssé trace ni
dans les relations du siège, ni dans les souvenirs des
contemporains, de ceux qui vécurent à Belfort pendant
tout le siège ? Tels de ces gens-là sont sévères en fait
d'honneur ; ils en ont le droit, car il n'est pas de sa-
crifice qu'ils aient marchandé à la Patrie. Et pourtant
nous les entendons encore nous dire : « Surtout rendez
« hommage à la population de Belfort ; beaucoup de
« bel fortains se conduisirent en héros et tous, à quel-
« que date que ce soit, furent de bons, d'excellents Fran-
« çais. » Mais voici qui est plus frappant encore : par
une contradiction assez étrange chez un homme distingué comme l'ancien professeur de géographie à Saint-
Cyr, M. Dussieux semble s'être chargé de nous fournir
des preuves à l'appui de notre thèse. Il cite en effet, et
avec beaucoup de raison, la correspondance échangée,
dès le début de l'investissement, le 4 novembre, entre le
colonel Denfert et le général prussien Von Treskow. Un
parlementaire rémit au commandant de Belfort la lettre
suivante, mélange curieux d'hypocrisie et de mauvaise
foi cynique :

« Très-honoré et honorable commandant,

Je me fais *un honneur de porter très-respectueusement* à votre connaissance la déclaration suivante :

Je n'ai pas l'intention de vous prier de me rendre la place de Belfort; mais je vous laisse le soin de juger s'il ne conviendrait pas d'éviter à la ville toutes les horreurs d'un siège, et *si votre conscience, votre devoir ne vous permettraient pas de me livrer la forteresse dont vous avez le commandement.*

Je n'ai d'autre intention, en vous envoyant cet écrit, que de préserver autant que possible la population du pays des horreurs de la guerre[1]. *C'est pourquoi je me permets de vous prier, dans la limite de vos pouvoirs, de faire connaître aux habitants que celui qui s'approchera de la ligne d'investissement à portée de mes canons mettra sa vie en danger.*

Les propriétaires des maisons situées entre la place et votre ligne d'investissement doivent se hâter de mettre tout leur mobilier en lieu sûr, car d'un instant à l'autre je puis être obligé de réduire les maisons en cendres.

Je saisis cette occasion *de vous assurer de mon estime toute particulière, et j'ai l'honneur d'être*

Votre très-dévoué serviteur.

Signé : Von Treskow. »

---

[1] On a dit bien souvent que les Allemands, et particulièrement les Prussiens, ne croyaient pas au génie de notre Molière. Il est certain que nos « heureux » ennemis nous ont permis de saisir, sur le vif, certains traits de Tartuferie que le grand écrivain n'avait pas même soupçonnés, et qu'il faut aller chercher, de nos jours, en Allemagne.

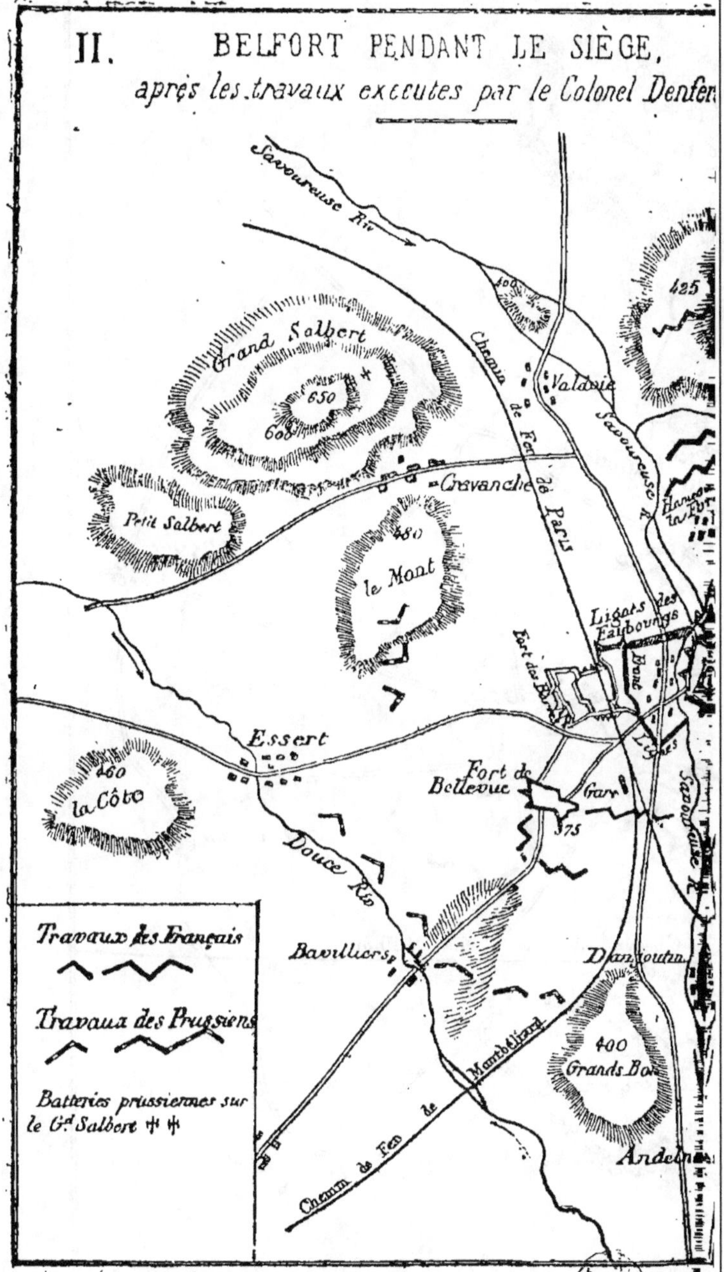

II.
BELFORT PENDANT LE SIÈGE,
après les travaux executes par le Colonel Denfer
Savoureuse Riv
Grand Salbert
650
608
Petit Salbert
Cravanche
le Mont
480
Valdoie
425
Chemin de Fer de Paris
Savoureuse
Ligots des Faubourgs
Fort de Ba
Essert
la Côte
460
Fort de Bellevue
Garr
575
Douce Riv
Bavilliers
Danjoutin
Grands Bo
400
Andeln
Mandelbard
Chemin de Fer de
Travaux des Français
Travaux des Prussiens
Batteries prussiennes sur
le G.d Salbert

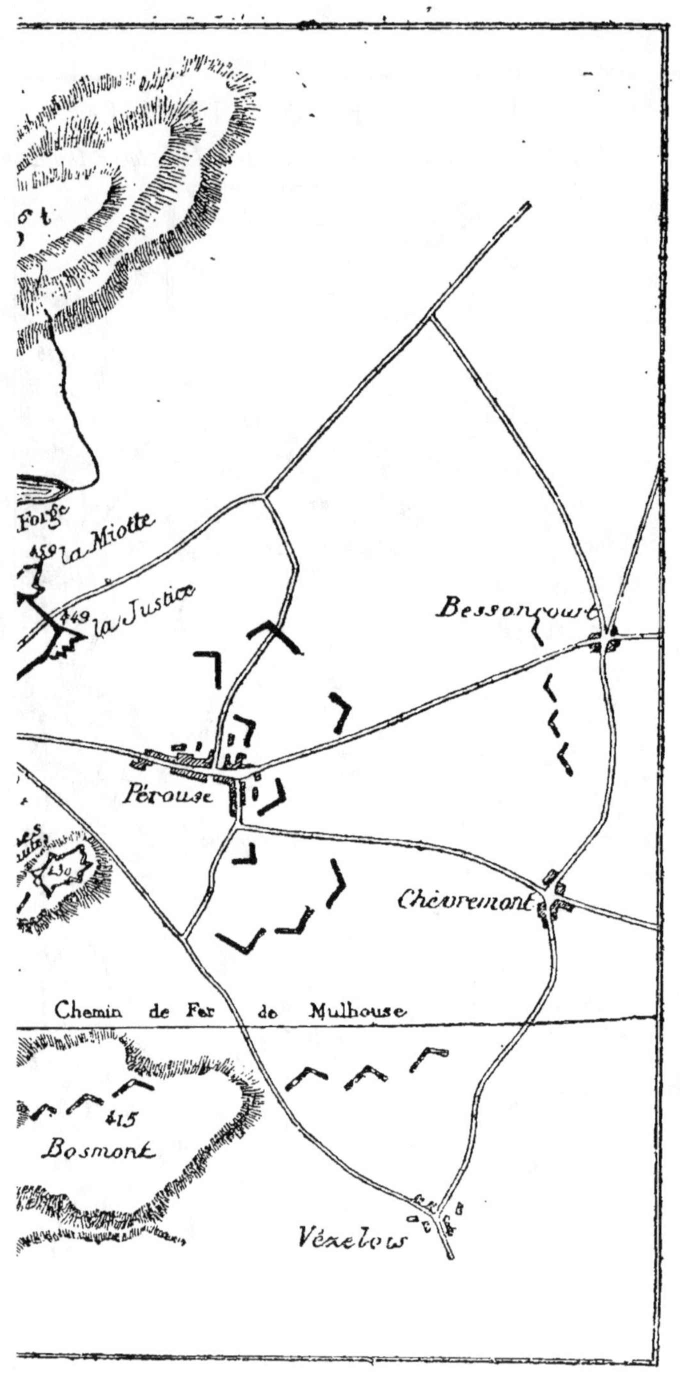

Forge
159 la Miotte
149 la Justice
Bessoncourt
Pérouse
430
Chèvremont
Chemin de Fer   de   Mulhouse
415
Bosmont
Vézelois

A cette missive, Denfert avait aussitôt répondu par des paroles pleines de loyale franchise et aussi de fermeté.

« Général,

J'ai lu avec toute l'attention qu'elle mérite la lettre que vous m'avez fait l'honneur de m'écrire avant de commencer les hostilités.

En pesant dans ma conscience les raisons que vous me développez, je ne puis m'empêcher de trouver que la retraite de l'armée prussienne est le seul moyen que conseillent à la fois l'honneur et l'humanité, pour éviter à la population de Belfort les horreurs d'un siège.

Nous savons tous quelle sanction vous donnerez à vos menaces, et nous nous attendons, général, à toutes les violences que vous jugerez nécessaires pour arriver à votre but, mais nous connaissons aussi l'étendue de nos devoirs envers la France et envers la République, et nous sommes décidés à les remplir.

Veuillez agréer, Général, l'assurance de ma considération très-distinguée. »

Invitation et refus furent en même temps mis à l'ordre du jour ; la garnison et la population les lurent également. Or, depuis quatre ans qu'il habitait Belfort, le colonel Denfert était connu. On le savait froid, dépourvu d'élan, peu capable d'éveiller l'enthousiasme, mais aussi, comme l'a dit quelqu'un qui l'a étudié de près, profondément attaché à tous ses devoirs et doué d'une « ténacité extraordinaire, d'une âme de granit. » On n'ignorait pas que ce « Taciturne quarré[1] » arrêtait

[1] Nous avons cru devoir conserver l'orthographe adoptée avec une intention évidente, par un homme fort distingué, par un

bien lentement sa résolution, mais qu'il était absolument impossible de le faire revenir sur sa décision, de lui arracher une concession, qu'il ferait plutôt brûler les faubourgs et la ville, anéantir les fortifications, que de manquer à sa parole. Est-ce que les habitants de Belfort murmurèrent? Y eut-il la moindre marque de mécontentement? Non.

Plus tard, et M. Dussieux lui-même le constate[1], à la veille du bombardement[2], la feuille bonapartiste de Belfort, le *Journal de Belfort*, crut le moment venu d'enseigner à la population le premier article du catéchisme bonapartiste d'alors, c'est-à-dire la résignation et l'abandon de la France à la volonté de l'envahisseur. Mais il savait si bien quels étaient les sentiments de la population qu'il se garda de les heurter de front : il risqua seulement des allusions à l'inutilité de la défense, à « la supériorité militaire des Prussiens, etc. » Aussitôt la garde nationale s'émut, on rédigea et les officiers signèrent la pièce que voici :

PROTESTATION

Adressée à M. le Commandant supérieur, par les gardes nationaux sédentaires de Belfort.

« Monsieur le Gouverneur,

La population de Belfort vient protester contre deux articles insérés dans le dernier numéro du journal hebdomadaire de cette ville.

excellent Français, répondant à une question que nous lui avions posée à propos du colonel Denfert. Notre bien honoré correspondant a pensé que la vieille orthographe donnait plus de force à l'idée.

[1] Pages 66 et suivantes.
[2] Le 1er ou le 2 décembre.

Le rédacteur de cette feuille, sans oser nous dire ouvertement que notre cité devrait capituler pour ne pas subir le bombardement dont elle est menacée, insinue cependant que son rôle militaire est nul et sa résistance inutile ; il raille le patriotisme de ses concitoyens, qui sont résignés à tout souffrir pour conserver à notre France un pied en Alsace.

Nous désirons, comme lui, une paix prochaine et honorable. Mais nous ne l'attendons point de la chute de notre capitale (Paris), que nous devons au contraire nous préparer à venger, si nous ne pouvons la sauver avec nos armées du Nord, de l'Ouest et du Midi. La France ne peut pas périr.

Tels sont les sentiments véritables de la population belfortaine qui pense comme vous, monsieur le gouverneur, et notre brave garnison, que nous devons défendre Belfort ju-qu'à la dernière extrémité et déjouer, par notre invincible résistance et notre attachement à la République, les calculs politiques de la Prusse, qui voudrait se faire un titre de l'occupation entière de l'Alsace pour conserver notre belle province. Ce sera notre éternel honneur à tous. »

Etait-il possible de mieux comprendre la situation et les devoirs qu'elle imposait ? Et ne peut on pas dire que l'âme de notre chère Alsace, de ce pays si profondément français, avait inspiré cette profession de foi ? Dès qu'il l'eut reçue, le colonel Denfert écrivit au rédacteur du journal :

« Monsieur le Rédacteur,

Deux articles de votre journal, inspirés par un esprit contraire à la défense de la place et aux intérêts du pays, ont motivé de la part des officiers de la garde

nationale sédentaire et de la garde mobilisée, une protestation que je vous invite à insérer dans votre prochain numéro, en la faisant précéder de la présente
lettre qui témoigne de ma complète adhésion aux sentiments exprimés par cette protestation. »

L'écrivain bonapartiste inséra immédiatement et jura
que l'on s'était mépris sur ses intentions. Se fût-il si
vite et si complétement exécuté si les appels à la lâcheté avaient trouvé de l'écho dans la population ? Il serait superflu d'insister : l'évidence n'a pas besoin d'être
démontrée. Population, garnison et gouverneur furent
toujours d'accord pour éviter à la France une nouvelle
humiliation.

Restait maintenant, pour Denfert, à régler, en ce qui
le concernait particulièrement, son mode d'action. Nous
l'avons vu, il voulait — et l'événement prouva encore
une fois que c'était le véritable moyen de sauver une
place attaquée, — il voulait la défense *à l'extérieur*,
disputer pied à pied à l'ennemi les approches des fortifications. Mais devait-il, pour cela, prendre lui-même
le commandement des troupes, diriger en personne les
opérations au dehors, combattre comme doit le faire un
général en rase campagne ? Il ne le pensa pas. Homme
de devoir et de discipline avant tout, et quoi qu'on en ait
dit[1], il crut bon d'exécuter dans toute sa rigueur le règlement imposé par chacune des nations de l'Europe au
gouverneur d'une forteresse assiégée. Il suivit à la lettre
l'article 254 de notre règlement français sur le service
des places, ainsi conçu :

[1] Non pas à Belfort sans doute, où on l'accusa de despotisme,
mais à l'Assemblée de Bordeaux-Versailles, où il souleva à plusieurs reprises les fureurs de la Droite réactionnaire en deman-
dant qu'on fît du soldat non une machine, mais un patriote.

« Dans aucun cas, le gouverneur ne se met à la tête
« des troupes lorsqu'elles font une sortie ; il ne conduit
« jamais l'attaque lui-même, à moins que le salut de la
« place n'y soit attaché. Il ne doit s'exposer que dans des
« circonstances très-importantes, sa mort pouvant en-
« traîner la chute de la place. »

Il s'installa donc dans une des casemates de la Tour
des Bourgeois, à la porte de Brisach[1], à côté du colonel commandant de place et de ses officiers, des bu-
reaux de la sous-intendance, du Génie et de la télégra-
phie militaire. Là, grâce aux fils télégraphiques qui re-
liaient son cabinet à toutes les fortifications, à tous les
postes avancés, il pouvait être instruit de tout, des événements prévus comme des incidents inattendus, prêt
à parer à toutes les difficultés puisqu'il avait en
quelque sorte tous les services sous la main. Evidemment c'est sa pensée intime que traduisait plus tard l'un
des officiers de son état-major particulier, M. Léon Belin[2],
quand il écrivait ces lignes si caractéristiques : « Il faut
« qu'un gouverneur soit à son poste, qu'il y soit tou-
« jours, à toute heure du jour et de la nuit, et qu'on
« n'ait pas à le chercher, même pendant un quart-
« d'heure. » Les exigences de la défense, voilà ce qui
le préoccupa. Il n'eut pas un seul instant la pensée,
comme l'a dit par erreur M. Dussieux, de s'enfermer
chez lui pour « rester sourd aux obsessions des habi-
« tants, pour ne pas fléchir devant le spectacle des mi-
« sères et des douleurs que la nécessité de la résistance

---

[1] C'est la porte qui, au Sud-Ouest, permet de passer du Vallon
dans la ville.

[2] Le Siège de Belfort, p. 56. — Nous avons déjà eu occasion
de citer le nom de M. Léon Belin, alors lieutenant de mobiles et
auteur d'un fort intéressant récit du siège.

« infligeait à la population civile[1]. » Bien peu d'hommes au monde furent par caractère plus aptes à suivre cette prescription du règlement relatif au service des places : « Le commandant d'une forteresse doit rester sourd « aussi bien aux bruits du dehors qu'à ceux du dedans. » Rien ne pouvait l'émouvoir, du moment où l'honneur de la France, l'intérêt de la Patrie étaient en jeu.

Grâce à cette fermeté toute stoïque, le colonel Denfert ne daigna jamais entendre les accusations, les ineptes calomnies lancées contre lui dès le siège par les bonapartistes, par les envieux, par les chefs indignes qu'il frappait sans pitié. On pouvait appeler les officiers de son état-major les « Icoglans de l'antichambre » ; on pouvait le représenter caché dans sa casemate comme dans un terrier, à l'abri de tout péril ; on pouvait dire qu'à la fin du siège on irait voir si lui et ses officiers, au sortir de la casemate, n'auraient pas, au lieu de lauriers, des champignons autour de la tête. Rien de tout cela ne portait. Et ce n'était pas seulement parce qu'il avait fait ses preuves au feu, à Rome, en Crimée. C'est surtout, encore une fois, parce que bien peu d'hommes eurent au même degré que lui, partout et toujours, la pleine et entière possession d'eux-mêmes. Pour ceux qui l'entendirent répondre à l'insulte lancée contre lui par Changarnier dans la séance de l'Assemblée Nationale (28 mai 1872) : *Cela ne m'atteint pas*, il n'est pas possible d'imaginer ton plus naturel et plus simple. On voit si la garnison et les habitants de Belfort avaient trouvé un digne chef.

[1] Le Siège de Belfort, p. 22.

IV

Un assiégeant assiégé. — Attaque de Belfort par l'ouest. — Essert, le Mont et Bavilliers au pouvoir de l'ennemi. — **Préparatifs du bombardement.**

Parfaitement instruit de l'état de nos places, du moins au début de la guerre, le grand état-major prussien avait évidemment espéré qu'une simple démonstration, ou tout au moins un coup de main hardi, pourrait lui livrer Belfort. Nous venons de voir le succès qu'avait obtenu le premier moyen. Le général de Treskow n'eut pas même la pensée de tenter le second. Dès le lendemain de l'investissement, ce fut la place qui attaqua, à chaque instant, et de tous les côtés, les troupes de siège. En trois mois, de la fin de juillet au commencement de novembre, les abords de la ville avaient été complètement transformés. A l'est, le village de Pérouse était fortement retranché; au sud, les deux redoutes des Perches encore inachevées étaient cependant fort défendables ; le village de Danjoutin au pied des Basses-Perches, et même plus loin encore de la place, celui d'Andelnans

avaient été fortifiés ; des travaux exécutés en amont de
la Savoureuse et en avant du hameau de la Forge inter-
disaient à l'assiégeant toute tentative contre les faubourgs de la ville au nord-ouest et permettaient de surveiller efficacement les pentes inférieures de l'Arsot. Les
murs et les maisons de ces divers villages avaient été
crénelés, les bois qui les avoisinaient occupés. A l'Ouest,
des postes avaient été établis sur le Mont entre Cravanche
et Essert. Nous tenions également Bavilliers, position
fort importante parce qu'entre ce village et le fort de
Bellevue s'ouvre un ravin large, profond, très-bien abrité
contre le feu de la place et dont la possession eût été
par suite fort avantageuse à l'ennemi. Enfin, de quelque
côté que celui-ci se tournât, à une distance de 2.500 à
3.000 mètres des fortifications, il rencontrait des troupes
soutenues par le feu de la place et qui le harcelaient,
l'inquiétaient à chaque instant, bouleversant ses travaux, tuant ses sentinelles, enlevant ses postes, ne lui
laissant ni trêve ni repos[1]. « Nos reconnaissances al-
« laient jusqu'au quartier général ennemi, qui parais-
« sait être à Sévenans, le tourmenter à coups de fusil,
« tandis que le Château y dirigeait des obus[2]. » Aux reconnaissances vinrent se joindre les sorties. On n'avait
pas d'artillerie pour les soutenir : le colonel chargea le
capitaine d'artillerie Verchère de créer une batterie de
campagne ; on trouva dans la ville les chevaux nécessaires, on fit les harnachements et l'on put ainsi disposer de trois pièces rayées de 4 et d'une rayée de 12 pour
l'action extérieure. Du 4 au 10 novembre les Prussiens
furent si souvent et si heureusement attaqués dans le
Salbert, au Valdoie, à Eloie, dans l'Arsot, à Offemont,
à Vétrigne et vers l'Ouest à Essert, qu'ils « se plaignaient

[1] Voir la carte n° 2.
[2] Défense de Belfort, p. 98.

« amèrement aux paysans de cette guerre sauvage, à
« leur avis, qui leur était faite [1]. »

Les mouvements de nos troupes étaient avant tout
réglés par le commandant supérieur, au cabinet duquel
aboutissaient les fils télégraphiques reliant nos divers postes. Mais ces soins n'absorbaient pas cependant toute la vigilance de Denfert. Dès que la
place avait été investie, il avait parcouru les forts, surtout pour s'assurer du bon état des défenses et de l'artillerie. Le 6 novembre, bien convaincu, après avoir
soigneusement étudié les mouvements de l'ennemi, que
celui-ci méditait une attaque de vive force contre la position de Bellevue, encore fort vulnérable, il envoya sur
ce point de nombreuses troupes de soutien, près de 20
compagnies. Une nouvelle visite dans les forts lui permit de désigner les pièces qui, en cas de besoin, pour-
raient, avec les troupes de la gare, des lignes des faubourgs et du fort des Barres, aider à la défense de la position menacée. Puis, une fois tranquille de ce côté, il
résolut de multiplier les sorties dans toutes les directions. Le 10 nos troupes marchèrent sur Châlonvillars,
à l'Ouest, débusquèrent les ennemis postés à Essert et
leur mirent un certain nombre d'hommes hors de combat, sans éprouver elles-mêmes aucune perte. Le 11 une
autre sortie eut lieu vers le Sud sur Sévenans et jeta
l'alarme dans les villages occupés par les Prussiens de
ce côté ; enfin le 15 les Prussiens, établis à Bessoncourt,
vers l'Est de Belfort, eurent grand'peine à se maintenir
contre une attaque de la place. Ils s'étaient fortement
retranchés dans ce village, ainsi que dans ceux de Chèvremont et de Vézelois. Divisés en trois colonnes, dont
l'une devait contenir les Prussiens dans la direction de
Roppe et les deux autres attaquer Bessoncourt même,

[1] Ibid. p. 103.

les Français démontèrent trois pièces de canon, bouleversèrent une partie des travaux de l'ennemi, l'obligèrent à appeler toutes ses réserves, lui tuèrent beaucoup de monde et l'auraient assurément délogé, si l'inexpérience des mobiles n'eût dérangé les excellentes dispositions prises par le colonel Denfert et le commandant
Chapelot. Ils battirent en retraite sans être inquiétés ; et les Prussiens n'osèrent essayer de prendre
l'offensive. Le 20, le capitaine Lang alla détruire près
d'Eloie la route de ce village à Offemont, et empêcha
les Prussiens d'amener d'Eloie des canons pour attaquer
le hameau de la Forge. Enfin, pendant ces vingt jours,
des escarmouches et des surprises multipliées, des marches de nuit intimidèrent si bien les assiégeants que, de
l'aveu du capitaine prussien Wolff lui-même, les rôles
étaient complètement intervertis. Ainsi que le disent
fort bien MM. Thiers et de la Laurencie : « L'allure
« donnée à la défense, malgré le peu d'expérience de la
« garnison, avait rendu l'ennemi incapable de sortir de
« ses lignes. Réduit à y jouer en quelque sorte le rôle
« d'assiégé, il assistait comme spectateur passif au pro
« grès et au développement de notre organisation et de
« nos travaux. Il voyait la place se jouer de son impuis
« sance en accumulant devant lui, sans la moindre gêne
« provenant de sa présence, les obstacles qu'il aurait
« ensuite à détruire péniblement[1]. »

Cette situation, dont l'histoire des sièges ne nous présente que bien peu d'exemples, finissait par irriter, par
humilier même et le général de Treskow, et le grand
état-major prussien trop peu habitué, hélas ! depuis le
commencement de la guerre, à un telle résistance!
Quant aux troupes allemandes elles-mêmes, leur mora.
fléchissait. Presque aussitôt après la fermeture de l'in-

[1] La Défense de Belfort, p. 127.

vestissement de Belfort, les francs-tireurs étaient reve-
nus et ils gênaient grandement les communications des
assiégeants. La vallée du Doubs, particulièrement, était
le théâtre de petits engagements dans lesquels l'envahisseur n'avait pas toujours le dessus. Les Prussiens durent alors mettre garnison dans Montbéliard. Il fallut
aussi occuper Mulhouse, dont les 30.000 ouvriers sans
travail auraient pu prendre rang parmi les francs-tireurs français. L'autorité allemande leur fit donner du
travail. Mais, devant Belfort même, les assiégeants n'en
étaient pas moins contraints de rester dans leurs lignes,
sous peine de tomber au milieu des troupes françaises et
de recevoir les obus de nos forts [1]. Impossible d'ailleurs,
au moins pour le moment, de rien tenter contre Bellevue.
Les intelligences que Treskow s'était ménagées, les
nombreux parlementaires qu'il envoyait à Denfert lui
faisaient savoir que le coup de main auquel il avait
pensé tout d'abord avait moins que jamais chance de
réussir. Cependant il comptait toujours pouvoir venir à
bout de la résistance s'il s'emparait au préalable de Bellevue d'abord, puis des Barres, pour de là écraser les
faubourgs et la ville sous une masse de projectiles. Mais
il lui fallait des renforts : il les demanda et les obtint.
On lui envoyait en même temps le personnel et le matériel nécessaires pour le siège [2].

[1] Wolff, p. 110.

[2] « Le corps d'armée de Treskow fut porté à 16,000 hommes
d'infanterie, 1.100 chevaux et 30 bouches à feu. Vers le 20 novembre, le matériel et le personnel de siège commencèrent aussi
à arriver. En lisant les livres allemands, on a la douleur de voir
qu'une partie des canons et des obus employés contre Belfort,
sont des canons et des obus français pris à Metz, à Strasbourg
et partout : car partout les gouverneurs de nos places, ignorant
les règlements, la tradition et leur devoir, ont négligé, dans leur
hâte de capituler, de détruire leur matériel de guerre, ce qui est
impérieusement exigé par les règlements. Tous manquèrent à ce

La situation des troupes françaises occupant l'importante position du Mont le servit également à souhait.
Mal vêtus, mal chaussés [1], nos malheureux mobiles
étaient là dans une boue tenace, jour et nuit sous la
neige et la pluie,sans feu, sans paille même pour se coucher. Vainement on avait cherché à leur construire des
baraques avec des rotins coupés sur place et des caisses
à biscuit apportées de Belfort. La petite vérole, qui déjà
sévissait dans la ville, les décimait et il avait fallu la
ténacité de Denfert pour les maintenir là , en dépit des
plaintes les plus vives. Von Treskow résolut de les attaquer. Le 23 novembre, à 4 heures et demie du soir,
après divers mouvements exécutés pour donner le change
à la place et par une pluie battante,il déboucha des bois
environnants et aborda les nôtres par Essert et Cravanche. Dès le début de l'action, Denfert s'était porté au
fort des Barres pour prendre les mesures nécessaires.
L'ennemi fut repoussé et battit en retraite, abandonnant
ses morts sur le terrain, mais il avait pris,et il fut impossible de lui enlever Essert et Cravanche. Aussitôt Denfert fit canonner à outrance ces deux villages, ainsi que
le Valdoie ; les Prussiens ne purent s'y maintenir. Mais
le lendemain 24, dès l'aube, ils revinrent à la charge et
lancèrent trois grosses colonnes contre nos positions.
Quelques-uns d'entre eux portaient des pantalons garance et des capotes provenant de campements abandonnés; ils répondaient *France !* au *qui vive ?* de nos sentinelles, puis fusillaient nos troupes à bout portant, ou

devoir essentiel, et cependant aucun n'a été puni. V. Dussieux,
le *Siège de Belfort*, p. 61.

[1] On sait qu'avant même la déclaration de guerre presque tous
les magasins d'habillement étaient vides ou bien remplis d'effets
dont on ne pouvait tirer parti. A Lyon, il y avait 200,000 chaussures, mais les pointures étaient trop petites et on dut renoncer à
les utiliser pour les mobiles. Il en fut de même à Belfort. Voir la
Défense de Belfort, p. 256.

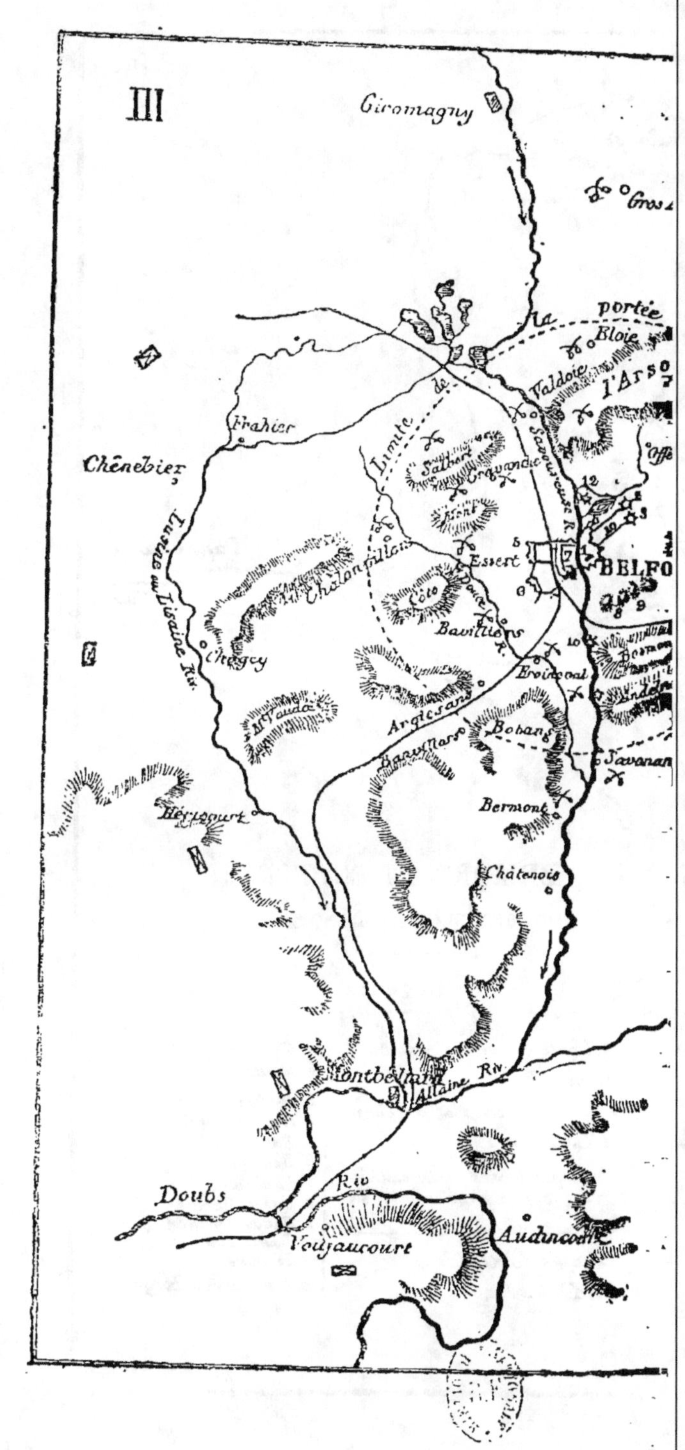

III
Giromagny
Gros
La portée
Bloie
Valdoie
l'Arso
Frahier
Chênebier
Salbert
Cravanche
12
Essert
BELFO
Côte
Châlonvillers
Bavilliers
Chagey
Argiesans
Eroincoal
Mt Vaudois
Bavilliers
Bobans
Savonan
Héricourt
Bermont
Châtenois
Montbéliard
Allaine Riv.
Doubs
Riv
Voujaucourt
Audincourt
Lisaine Riv.
Lisaine ou Lisaine Riv.
Limite de

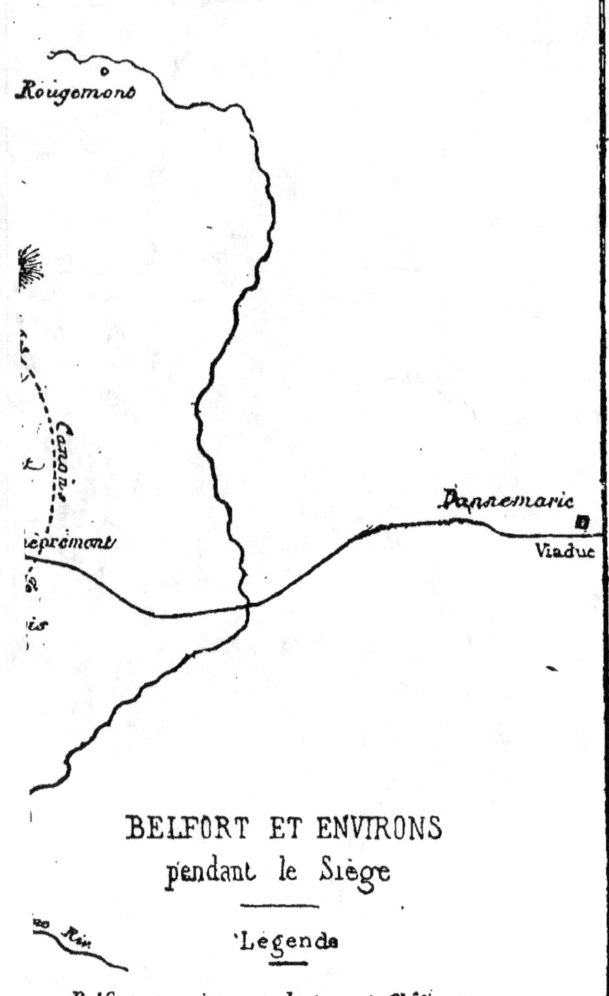

Rougemont
Dannemarie
Viaduc
Canal
eprémont
BELFORT ET ENVIRONS
pendant le Siège
Rhin
Légende
Belfort et environs pendant
le Siège
Positions occupées par l'armée
de l'Est
Combats livrés par les assiégés
de Nov. 1870 à Février 1871.
Chemins de fer
Villages fortifiés.
Redoutes.
1 Château
2 Miotte
3 Justice
4 Espérance
5 Barres
6 Bellevue
7 Faubourgs
8 Basses Perches
9 Hautes Perches
10 Danjoutin
11 Pérouse
12 Hameau de la Forge

bien encore, pour pouvoir les aborder en toute sécurité, criaient : « *Ne tirez pas, ce sont des mobiles !* » A plusieurs reprises, leurs clairons exécutèrent notre sonnerie de retraite. Ces ruses [1] produisirent leur effet sur des troupes encore jeunes, plus nerveuses que solides ; une fausse manœuvre du commandant de la position acheva de compromettre nos affaires : l'ennemi l'emporta, mais après quatre heures de lutte acharnée et au prix de pertes considérables. Denfert eut un instant l'idée de tenter un retour offensif, mais il craignit de payer trop cher la reprise d'une position où il serait difficile de se maintenir longtemps. Il aima mieux faire ouvrir sur le Mont une violente canonnade [2], inquiéter l'ennemi par des démonstrations du côté d'Essert et, pour l'empêcher de trop s'enhardir par suite de son premier succès agressif, prendre lui-même l'offensive sur un autre point. Ce fut Sévenans, village situé tout à l'opposé du Mont, qu'il choisit comme objectif. Les Prussiens surpris furent jetés dans le plus grand désordre, chassés du village de Botans, ne se maintinrent qu'à grand'peine à Sévenans, perdirent près de dix fois autant de monde que nous [3] et, dans leur inquiétude, crurent devoir doubler de ce côté l'effectif ordinaire de leurs postes et de leurs sentinelles. Au bout de trois jours seulement, ils se décidèrent à tenter de nous enlever la position qui, avec le Mont, devait leur permettre d'attaquer Belfort par l'Ouest, c'est-à-dire le village de Bavilliers. La supériorité numérique leur assura le succès. Ils pouvaient dès lors agir contre l'Ouest de la place.

[1] Denfert fut obligé de faire un ordre du jour pour mettre nos soldats en garde contre ces manœuvres de l'ennemi. Voir Dussieux, p. 62.

[2] Jusqu'au 25, l'ennemi n'osa occuper ni le sommet du Mont ni Cravanche ; il se tint à proximité, mais plus en arrière.

[3] La *Défense de Belfort*, p. 132.

Denfert ne les en avait pas moins tenus éloignés pendant tout un mois, puisqu'ils avaient achevé l'investissement le 3 novembre et qu'ils commencèrent le bombardement le 3 décembre seulement. Perdues pour l'attaque, ces quatre semaines avaient été bien employées pour la défense. Chacune des hauteurs des Perches était désormais munie d'un ouvrage en terre à peu près terminé, présentant un front de 300 mètres et garni de fossés de 6 mètres sur 3 taillés dans le roc ; la gare, mise en état de défense, et Bellevue encore sans abris, il est vrai, se soutenaient mutuellement ; Danjoutin et Pérouse étaient assez bien organisés ; le hameau de la Forge, protégé par l'étang et par une petite inondation de la Savoureuse, était devenu une position forte ; l'armement, de la Justice de la Miotte et du Château était achevé. Une visite faite par le colonel Denfert dans tous les forts lui avait permis de faire disposer quarante pièces de telle façon que l'ennemi, « ne pouvant pas « les apercevoir, ne pouvait arriver non plus à régler « son tir pour les atteindre [1]. » Enfin le réseau de fils télégraphiques reliant tous les postes au cabinet du commandant supérieur était parfaitement disposé ; le soin de le maintenir, malgré les obus qui chaque jour coupaient des fils, avait été remis en bonnes mains, à M. Robert, inspecteur des télégraphes du Haut-Rhin, également courageux et habile.

Avec les troupes retirées du Mont, le colonel Denfert renforça les garnisons de Pérouse et de Danjoutin et occupa solidement le bois du Bosmont. Puis, d'accord avec MM. Grosjean, Mény, Stéhelin, Duquesnay, Belin et autres, il prit les mesures nécessaires pour atténuer soit dans la ville, soit dans les forts, les effets du bombardement qui allait commencer. Des abris blindés fu-

[1] La *Défense de Belfort*, p. 144.

rent disposés le long des rues ; les portes de toutes les maisons ouvertes afin qu'on pût s'y réfugier au besoin ; les escaliers et les corridors toujours éclairés ; les pompes à incendie réparties dans la ville et les faubourgs selon les besoins prévus ; tous les greniers, tous les étages des maisons approvisionnés d'eau ; des veilleurs de nuit, payés 4 francs par nuit, gardèrent chacun une maison ou un groupe de maisons : vingt et un citoyens s'offrirent d'eux-mêmes pour surveiller l'exécution de ces mesures et s'acquittèrent à merveille de leur dangereux service. Dans les forts, des guetteurs munis d'un cornet sonnaient dès qu'ils apercevaient la flamme d'un canon ennemi et chacun se garait. Aux pompiers civils, commandés par M. Duquesnay, furent adjoints les pompiers militaires, sous les ordres de M. Belin. Grâce à leur courage et bien que les Allemands prissent immédiatement pour point de mire toute maison qui flambait, les incendies furent moins nombreux et moins terribles qu'on ne le craignait. Mais il fallut courir bien des dangers, et des pompiers civils, comme des pompiers militaires, furent victimes de leur dévouement.

Les casemates de la place étant occupées par la garnison, la population dut se réfugier dans les caves. Il faut avoir vu Belfort avec sa longueur de 250 mètres au minimum, de 500 au maximum, sa largeur de 300 en dedans de l'enceinte, ses rues étroites, ses maisons qui vont chercher à une hauteur considérable l'air et la lumière, son climat et son sol saturés d'humidité, pour imaginer ce que durent souffrir les malheureux entassés dans des bouges d'où il leur fallait sortir un instant pour respirer, dès que le bombardement diminuait. Et cet épouvantable emprisonnement dura soixante-treize jours, du 3 décembre 1870 au 14 février ! Les caveaux de l'église et les caves de l'Hôtel de Ville avaient été mis à la disposition des pauvres ; l'ennemi, qui le savait, cribla les deux édifices de ses obus : l'Hôtel de Ville en reçut plus de 200, l'église plus de 1.500 [1].Ajoutons tout de suite que les mêmes Prussiens qui mettaient leurs voitures de munitions à l'abri de nos obus, en les couvrant du drapeau de l'Internationale, bombardaient avec acharnement, et bien qu'ils fussent surmontés du même drapeau, nos hôpitaux de Belfort, blessant, tuant sœurs de charité, médecins, infirmiers et malades. Aussi beaucoup de malheureux atteints soit de la petite vérole, soit de la fièvre typhoïde qui surtout ravageait les caves, aimaient cependant mieux rester dans leurs souterrains que de se faire transporter dans les hôpitaux souvent trop pleins d'ailleurs. « L'Espérance, immense caserne « blindée par trois de ses faces, deux côtés et le toit, re- « gorgeait de blessés et de malades ; les précautions hy- « giéniques n'y pouvaient être observées, le même bol « de vin aromatique servait au pansement de toutes les « plaies d'une salle ; aussi la plupart des blessures deve- « naient mortelles ; souvent les morts, déposés dans « une salle basse, y devinrent la proie des rongeurs [2]. » Est-il extraordinaire dès lors que tout le dévouement des médecins et particulièrement de MM. Petitjean et Vautrain ait été impuissant le plus souvent [3] ; que presque tous les malades, blessés et amputés, soient morts ; que l'on ait vu parfois dans les caves « une femme ac- « coucher à côté d'un malheureux qui se mourait et la

[1] L'église de Belfort est du xviiie siècle. Construite en grès rouge des Vosges, elle porte encore aujourd'hui (mai 1883), la trace des projectiles prussiens.

[2] Lettre d'un sous-officier d'éclaireurs, blessé et soigné à l'Espérance.

[3] Les médecins firent preuve d'une grande vigueur d'esprit, sortant nuit et jour, bravant les obus et la chute des pans de mur ou des débris de toute sorte. (Dussieux, p. 77).

« couchette du nouveau-né prendre la place du grabat
« du moribond [1] ? » Nombre de malades et blessés furent recueillis et admirablement soignés par des dames
de la ville. La charité des riches, les soins de la Mairie
et le bon cœur des mobiles, faisant entre eux des collec-
tes pour les pauvres et donnant souvent leur pain, em-
pêchèrent la faim d'ajouter au nombre des malades ou
plutôt des victimes. Pas une plainte d'ailleurs, pas une
récrimination ; on espérait toujours que la France se
relèverait. Ah ! comme toute cette population avait
bien entendu le magnifique appel que M. Grosjean lui
adressait le jour même où le bombardement commença, le 3 décembre :

« Citoyens,

L'heure du péril est venue et avec elle l'heure des
dévouements.

Je connais trop votre patriotisme pour avoir besoin
de lui faire un suprême appel. La population civile et
la population militaire, unies par les liens d'une entière
et légitime confiance, seront dignes l'une de l'autre
dans la lutte qu'elles sont appelées à soutenir.

L'histoire dira un jour que la lâcheté et les trahisons de Sedan et de Metz ont été rachetées par le courage de Belfort ; elle dira qu'il ne s'y est rencontré ni
un soldat ni un habitant pour trouver, au jour du danger, les sacrifices trop grands ou la résistance trop longue ; elle dira enfin que tous, sans hésitation et sans défaillance, nous avons serré nos rangs au pied de votre
Château : c'est pour nous aujourd'hui plus qu'une forteresse, c'est la France et l'Alsace, c'est deux fois la patrie.

[1] Belin, le Siège de Belfort, p. 199.

Citoyens, que chacun de nous remplisse son devoir à ce cri qui était autrefois un gage de la victoire et qui la ramènera sous nos drapeaux :

Vive la République ! »

V

Attaque de Belfort par l'Ouest. — Commencement du bombardement.

En mentionnant la joie sauvage avec laquelle ses compatriotes saluèrent de leurs hourras les premiers obus
qui tombèrent sur Belfort le 3 décembre, à huit heures
du matin, le capitaine Wolff a fait, ce nous semble, l'éloge
le plus désintéressé, le plus frappant de la conduite de
Denfert et de ses soldats pendant la première partie du
siège : « Le moment était donc enfin venu de pouvoir
« lutter à armes égales contre la place, qui avait in-
« quiété impunément les troupes allemandes depuis
« quatre semaines. Le soldat se sentait revivre en voyant
« tomber les premiers obus dans la ville [1]. » La tâche
avait été bien rude en effet pour l'ennemi. Les privations, les surprises, les alertes continuelles, les fatigues,
l'hiver qui, dès le 1er décembre, amena un froid de huit
degrés, puis des tempêtes de neige et de verglas l'avaient

[1] Tome Ier, p. 173.

grandement gêné pour l'établissement de ses tranchées et de ses batteries. D'après le capitaine Wolff, les maladies allaient bientôt réduire son effectif de près du dixième [1]. Il n'en lança pas moins dès le premier jour et surtout de ses batteries en avant d'Essert une véritable pluie de projectiles : 4 à 5.000, dont beaucoup étaient incendiaires [2]. Le récit de ce qui se passa dans la redoute de Bellevue, pendant la nuit du 3 au 4, montrera à quelles difficultés Denfert et sa garnison durent faire face, pendant le bombardement. Nous l'empruntons à la *Défense de Belfort* : (Pages 158-162.)

« La nuit qui suivit ce premier jour de bombardement fut marquée à Bellevue par un drame douloureux. L'ennemi avait tiré des projectiles incendiaires dans les bâtiments compris à l'intérieur de l'ouvrage et le feu consumait ces maisons. Sous leurs rez-de-chaussée existaient des sous-sols, formant comme des caves couvertes par de simples planchers au lieu de voûtes, et dépassant dans le haut la surface du sol d'environ un mètre ou un mètre et demi. L'existence de ces caves créait le seul moyen possible d'arriver à se procurer des abris suffisants dans la redoute, qui n'en avait pas un seul. Ces abris étaient en construction. On avait étayé les planchers des caves par des corps d'arbres formant poteaux, et on travaillait à les recouvrir d'un plancher nouveau de rails et de bois, pour sup-

---

[1] Le 16 déc. sur un effectif total de 26,000 hommes, Von Treskow aurait eu 2.500 malades. Il avait 54 pièces de campagne, un parc de siège de 151 canons et de 54 mortiers avec 163 canons et 72 mortiers en réserve, soit 440 bouches à feu. (V. Dussieux, p. 79).

[2] L'approvisionnement de la place ne permit pas de répondre avec l'intensité nécessaire, mais on racheta par la précision l'insuffisance du nombre. Le soir, les Allemands avaient 11 tués et 42 blessés. Pour diminuer leurs pertes, ils furent obligés de diminuer le nombre de leurs servants. (V. Dussieux).

porter des terres, et les mettre à l'abri de la bombe. Une des caves était même à peu près terminée.

« C'était une question de vie ou de mort pour la redoute que d'arriver à sauver du feu qui les menaçait les nombreux étançons déjà en place, qu'on n'avait nul moyen de remplacer s'ils venaient à périr, et qui avaient déjà coûté un énorme travail. Mais comme il n'y avait pas d'eau dans l'ouvrage, ni à proximité, et qu'un froid vif favorisait l'incendie, contre lequel on ne pouvait lutter qu'en ramassant de la neige à terre pour la jeter sur le feu, il eût fallu un travail actif de la part de la garnison, formée par le 2ᵒ bataillon du 57ᵉ (Haute-Saône). C'est ce qu'il fut impossible d'obtenir. Les mobiles, terrifiés par l'arrivée continuelle des obus, opposèrent aux efforts de leur commandant et des officiers du Génie la plus indomptable force d'inertie. Les officiers ne firent rien pour la vaincre. On avait beau commander des corvées, y placer des officiers, elles fondaient entre les mains. Ni réprimandes, ni menaces, ni exhortations n'y firent, et l'incendie activé par les projectiles qu'y lançait l'ennemi, pour en rendre l'extinction périlleuse, devenait de plus en plus menaçant pour ces malheureux abris. Les officiers du Génie, MM. Thiers et Journet, aidés du capitaine Mathey et du sergent Tunis, qui comprirent leur devoir, travaillaient de leurs mains, comme des manœuvres, dans l'incendie, piétinant le feu, et retirant les poutres enflammées qu'ils essayaient d'éteindre en y apportant de la neige dans des pelles ou même dans leurs mains. Ils ne quittaient leur accablante besogne que d'instants en instants pour mener au travail, à coups de bâton comme des bêtes, les hommes affolés que le brave commandant Lang et son adjudant-major M. Guillet traquaient dans le fort partout où ils se cachaient. Mais les quelques hommes réunis ainsi avec violence se dispersaient bientôt, laissant seuls les trois officiers et le sergent, uniques ouvriers de cette lutte avec le feu. Vers le milieu de la nuit ces officiers accablés par la fatigue et par une longue et épuisante indignation, furent sur le point de tout abandonner. Le commandant Lang en était aux larmes.

» Mais, se souvenant de la patrie, ils reprirent encore courage, et le capitaine Thiers fit demander en ville, par le télégraphe, une pompe à incendie, ce qu'il n'avait pas encore fait, ne comptant guère sur ce moyen par un froid qui gèlerait l'eau dans le long parcours nécessaire pour en apporter dans l'ouvrage. M. Chaplain, commandant du Génie [1], mit toute l'activité possible pour envoyer sans délai cette pompe, qu'il fit remplir d'eau chaude. Vers deux heures du matin, elle était arrivée ; mais l'eau chaude avait gelé en route. On fut longtemps avant de pouvoir la dégeler au moyen de brandons de l'incendie. Enfin on commençait à la manœuvrer, mais avant qu'elle eût donné une goutte d'eau un éclat d'obus vint la briser.

» Après cet accident désespérant, MM. Mathey et Guillet, épuisés, grelottant de fièvre, durent abandonner la partie, et MM. Thiers et Journet continuèrent seuls leur labeur jusqu'au jour. Ils rentrèrent alors en ville, à bout de forces et laissant derrière eux le bataillon coupable, couché dans la neige, de droite et de gauche, au pied des parapets, dans les endroits les mieux abrités contre les projectiles.

« Les toitures et tous les planchers étaient brûlés. L'abri fini était détruit, et les caves à moitié comblées par les débris. Néanmoins les efforts opiniâtres de ceux qui avaient travaillé avaient sauvé du feu les étançons, dont le sommet seul brûla un peu. Ce dé-

---

[1] Lors de la guerre, M. Chaplain était en retraite. Il reprit du service et alla s'enfermer à Belfort, dès qu'il vit que cette ville était menacée.

sastre devait coûter bien des efforts pour refaire les
abris, mais on put y parvenir, puisque les étançons
étaient sauvés. »

Le bataillon fut dissous, les hommes versés par grou-
pes dans les autres bataillons de mobiles, les officiers
coupables cassés et remis simples soldats, sauf toutefois
ceux que la loi sur le recrutement de la mobile n'attei-
gnait pas et qui durent donner leur démission, Denfert
n'avait voulu recourir ni à un conseil de guerre ni à la
cour martiale, dont il connaissait l'abominable faiblesse : il prit la mesure de sa propre autorité, comme
il avait déjà fait en remplaçant les heures de prison par
autant d'heures de travail aux avant-postes, sous le
feu de l'ennemi. Cette dernière et intelligente mesure
avait eu, dès le début, pour résultat, de diminuer dans
une énorme proportion le nombre des punitions et des
actes d'indiscipline.

Avec les quatre compagnies du Rhône qui rempla-
cèrent le bataillon du 57ᵉ, tout changea à Bellevue.
MM. Thiers, Chaplain, Suchet, Journet donnant l'exemple, on travaillait sous le feu sans abri, presque sans
repos ni nuit ni jour, toujours sans soupe. « Tout le
« monde, hommes et officiers, mangeait debout du
«pain toujours gelé[1]. » Au Château, le feu de l'ennemi
avait fait d'assez grands dégâts. A force de savoir, d'intelligence et d'activité, M. de la Laurencie vint à bout
de les réparer. Il fit plus ; il mit si bien toutes les pièces
à l'abri que les batteries ennemies d'Essert, voyant leur

[1] La *Défense de Belfort*, p. 163. « MM. Foltz, Gutmann et
» Amann, conducteurs des ponts-et-chaussés, servant volontai-
» rement dans la place et qui partagèrent durant tout le siège le
» sort et le lit de camp du commandant de l'ouvrage, couchaient
» toujours habillés et chaussés. Non seulement, ils dirigeaient les
» travaux sous le feu, mais ils allèrent souvent dans la suite, et
» de leur plein gré, faire le coup de fusil au rempart, où ils
» donnaient l'exemple aux soldats. » *Ibid.*

impuissance contre le Château, se bornèrent à tirer, jusqu'à la fin du siège, sur la ville et les faubourgs. Les Prussiens choisissaient chaque jour une direction de tir et y jetaient une telle masse d'obus que tous les points étaient atteints dans cette direction. La circulation pouvait devenir extrêmement périlleuse certains jours et sur certains points : Denfert eut soin que les troupes des ouvrages et les positions extérieures eussent toujours une réserve de quatre jours de vivres, outre les vivres courants.

L'action offensive extérieure ne s'était pas ralentie un seul instant. Le jour même où le bombardement commençait, nos éclaireurs attaquaient plusieurs postes ennemis, tuaient l'officier de la grand'garde du bois de Bavilliers et la mettaient elle-même en fuite. Le 6 les Prussiens attaquèrent nos postes d'Andelnans et de Froideval : ils furent vigoureusement repoussés. Nouvelle attaque, nouvel échec le 8. En vain ils multipliaient les batteries ; en vain ils jetaient sur la place une quantité de projectiles de plus en plus considérable ; ils n'obtenaient que de bien médiocres résultats. Ainsi les corvées envoyées à Bellevue pour travailler aux abris du fort y arrivaient toujours bien réduites, nombre de mobiles s'esquivant durant le trajet. Mais les travaux n'en continuaient pas moins, grâce aux hommes intrépides dont nous avons cité plus haut les noms. Le 9, furieux de l'impuissance de leurs canons contre Bellevue, les Prussiens essayèrent d'une surprise. Leur avant-garde fut massacrée : le reste se sauva précipitamment. Dans la nuit du 10 au 11 ils ouvrirent une seconde parallèle pour s'emparer, par une attaque régulière, de l'importante position qu'ils n'avaient pu surprendre. Le capitaine Thiers voulut lancer sur eux une compagnie : elle refusa[1] et ils purent établir leur

[1] La compagnie fut encore dissoute par Denfert et les hommes

parallèle. Mais le capitaine Thiers commença aussitôt des travaux de contre-approche, les éclaireurs de M. de Prinsac assaillirent les Prussiens, le fort les couvrit d'obus et, le 13, ils se virent un instant gravement compromis : les Français avaient repris Bavilliers. Nous laissons ici la parole à l'un de nos correspondants, qui prit à l'action la part la plus honorable. On verra ce que valaient les compagnies d'éclaireurs organisées par Denfert, quel était l'acharnement de la lutte :

« Le 12 décembre, au soir, la compagnie d'éclaireurs
« Porret reçut, dans son cantonnement de Danjoutin,
« l'ordre de s'emparer le lendemain du village de Ba-
« villiers. Le 13 au matin, à la faveur d'un brouillard
« assez épais, déployée en tirailleurs, la compagnie put
« s'approcher jusqu'à 300 mètres des premières mai-
« sons du village. Avec un entrain admirable, sous une
« grêle de balles qui lui enleva le quart de son effectif,
« elle franchit les fortifications improvisées, les épau-
« lements en terre construits par les Prussiens et esca-
« lada la colline au sommet de laquelle ils s'étaient
« massés pour l'attendre. Un court engagement la ren-
« dit maîtresse du village. En un clin d'œil, il fut vidé
« par les Prussiens. Mais pendant que nos hommes dé-
« bandés, dans l'espérance de rencontrer des victuailles
« ou des prisonniers à capturer, se répandaient par les
« maisons, l'ennemi se reformait sans bruit à l'extrémité
« du village opposée à celle par laquelle nous étions
« entrés. Il guettait le moment favorable pour tomber
« sur nous à l'improviste. Le hasard voulut que le ser-

reversés dans leur corps. Les officiers furent déférés d'urgence au conseil de guerre. Le capitaine méritait d'être fusillé ; il fut simplement destitué. Quant au lieutenant, il fut déclaré couvert par son chef. Cette déplorable faiblesse du conseil de guerre devait porter ses fruits, à trois jours de là, lors de la prise du Bosmont par les Prussiens.

« gent-major, poussé par la curiosité beaucoup plutôt
« que par le pressentiment du danger, se fût dirigé de ce
« côté. Il s'avançait tranquillement, laissant ses hommes
« à une assez grande distance, quand tout-à-coup il se
« trouva au bout d'une ruelle face à face avec 200
« Prussiens arrivant à pas de loup. L'hésitation, en pa-
« reil cas, n'était pas possible. Reculer, c'était livrer
« tous ses camarades à la mort. Il se poste en travers
« de la ruelle, appelle à la rescousse de toute la force
« de ses poumons, répond par quelques coups de feu
« aux volées de balles qui, heureusement, passent par
« dessus sa tête, et, au bout de deux minutes, se voit
« soutenu par cinq ou six de ses hommes. Déconcerté,
« l'ennemi hésite, croit que le piège qu'il tendait est
« complétement éventé, disparaît à toutes jambes dans
« le brouillard au fond de la ruelle, gagne la campagne
« et laisse en notre pouvoir non-seulement Bavilliers,
« mais aussi le bois du même nom. » Deux compagnies
du 84° furent chargées de défendre la position con-
quise.

Les Prussiens, cependant, voulaient faire un retour
offensif, et le soir même. Mais ils craignaient d'être repoussés de ce côté : ils se tournèrent vers Andelnans
et le Bosmont. Denfert avait prévu la manœuvre et pris
ses mesures. La lâcheté d'une compagnie du 45° les dé-
rangea complètement. M. Gingembre, capitaine des
francs tireurs du Haut-Rhin, venait de repousser dans
Andelnans quatre assauts acharnés, successifs, qui
avaient coûté la vie à près de 150 ennemis et les mobiles de Saône-et-Loire, bien que menacés d'être tournés,
tenaient dans le Bosmont, lorsque la compagnie en
question, qui devait les appuyer, les abandonna. Nous
perdions du même coup le Bosmont et Andelnans.
N'est-il pas évident que si le conseil de guerre avait
appliqué la loi à l'officier qui, dans la nuit du 10 au

11 décembre, à Bellevue, avait refusé de marcher, cette nouvelle et si regrettable défaillance ne se fût pas produite ? Elle eut, d'ailleurs, encore d'autres conséquences. Les Prussiens, il est vrai, furent repoussés devant Danjoutin, qu'ils attaquèrent. Mais, voyant qu'on ne les poursuivait pas, ils se jetèrent sur Froideval et l'enlevèrent sans grand'peine. Les deux compagnies du 84e, à Bavilliers, se maintinrent beaucoup mieux et repoussèrent cinq attaques successives. A la sixième elles durent reculer. Nous avions perdu tous les fruits du succès de la veille et même au-delà.

Le 15 décembre l'ennemi bombarda un peu moins violemment la ville, mais redoubla de violence contre Bellevue et le Château. A Bellevue, il vint à bout d'incendier les maisons servant d'abris aux troupes de soutien, au Château, de renverser en partie l'embrasure de *Catherine*, de broyer dix-sept lits dans une casemate et enfin de lancer un projectile dans un abri à munitions. Le projectile « mit le feu aux enveloppes de papier des charges. « MM. Vurgel, lieutenant du génie au titre auxiliaire « et Thesmar, maréchal des logis, se précipitèrent bravement pour tâcher de les éteindre et de sauver l'abri ; « mais, comme ils ouvraient la porte, le courant d'air, « activant le feu, fit éclater les bombes qui y étaient. « L'explosion, renversant la voûte et les terres, fit littéralement sauter en l'air ces deux hommes hardis qui « en furent miraculeusement quittes pour des contu- « sions et des brûlures légères[1]. » L'abri fut perdu, la casemate et l'embrasure de *Catherine* bien vite réparées.

Cependant le Préfet, M. Grosjean, ému par les souffrances dont il était témoin et qu'il avait la douleur de ne pouvoir atténuer, malgré tous ses efforts unis à ceux

---

[1] V. la *Défense de Belfort*, p. 211.

de M. Mény, proposa au colonel Denfert de demander
à Von Treskow un armistice et l'autorisation pour les
vieillards, les femmes et les enfants, de sortir de la
place. Denfert refusa. « Je considère, dit-il, comme
« très-préjudiciable à la défense tout pourparler avec
« l'ennemi pour lui mettre à nu une de nos plaies[1]. »

Mais le 17 une députation suisse et un parlementaire
prussien se présentèrent à Belfort. La députation, au
nom d'un comité formé à Porrentruy, demandait la sortie de Belfort des vieillards, des femmes et des enfants
qu'elle se chargeait de transporter et d'entretenir à
Porrentruy. Le parlementaire apportait une lettre du
Président de la Confédération suisse, qui appuyait la
demande des députés. Denfert informa M. Grosjean de
la démarche faite auprès de lui et répondit en ces termes au Président de la Confédération :

« Monsieur le Président,

Je vous prie d'exprimer toute ma reconnaissance
tant au Conseil fédéral qu'au comité spécial de Porrentruy, pour les sentiments d'humanité dont la Suisse
vient de donner un nouveau témoignage par votre
lettre du 13 courant. Je suis extrêmement sensible,
M. le Président, aux considérations que V. Ex. fait va-
loir en faveur des femmes, enfants et vieillards restés
à Belfort. Mais mon devoir m'impose de ne satisfaire
aux vœux que vous m'exprimez que dans les limites
que comportent les intérêts de la défense de la place.

Les conditions qui paraissent indispensables sont les
suivantes :

L'armistice forcé qu'exige le départ des femmes, en-

____
[1] *Ibid.* p. 212.

fants et vieillards ne pourra avoir lieu qu'entre dix heures du matin et trois heures de l'après-midi. Cet armistice comprendra non-seulement la cessation absolue du tir de part et d'autre, mais encore l'interdiction, pour l'armée assiégeante, d'exécuter aucun travail de tranchée pendant sa durée.

MM. les délégués du Conseil fédéral n'accepteront que les femmes, enfants et vieillards munis d'un laisser-passer. La réception des délégués et la sortie des femmes, enfants et vieillards auront lieu par la porte du Vallon.

Si ces conditions sont acceptées, tant par vous, M. le Président, que par le commandant en chef des troupes prussiennes, je suis prêt à m'entendre sur la fixation du jour de l'armistice. »

Copie de cette lettre fut adressée au général de Treskow, qui ne répondit pas. Cependant, sur les instances de 1.251 personnes qui demandaient à partir et sur l'assurance donnée par des lettres reçues de Suisse que le général prussien consentirait à la sortie si Denfert se résignait à lui en faire la demande, MM. Grosjean et Mény tentèrent une nouvelle démarche auprès du commandant de Belfort. Elle n'eut pas plus de résultat que la première. Le passage suivant de la réponse de Denfert nous paraît résumer bien exactement les raisons sur lesquelles il s'appuya pour refuser de faire la démarche que l'on réclamait de lui :

« En acceptant en principe la proposition de M. le Président de la Confédération, je lui ai indiqué les conditions auxquelles on pouvait y satisfaire sans nuire à la défense et sans changer les situations militaires de l'assiégeant et de l'assiégé. M. le général de Treskow n'ignore pas que mes conditions sont élémentaires, et s'il ne veut pas accéder à la demande de M. le président de la Confédération suisse, sans une démarche de ma part, vis-à-vis de lui, c'est qu'il entend me faire commettre un acte de faiblesse contraire à mon devoir, et affaiblir par conséquent la résistance de la place.

Les choses doivent donc en rester au point où elles se trouvent, à moins que M. le général de Treskow n'accepte les propositions que j'ai faites au président de la Confédération helvétique, et dont je lui ai donné connaissance. »

Toute la population se résigna au sort que lui faisait la guerre.

A peine maîtres d'Andelnans, les Prussiens y avaient installé une batterie pour bombarder Danjoutin. Denfert renforça les troupes qui gardaient ce village, y fit exécuter de nouvelles défenses et le relia étroitement, par des postes, avec les Perches et la place. En attendant, il ne cessait pas d'inquiéter les assiégeants en avant de Bellevue ; une grande démonstration offensive, faite le 20 dans cette direction, prouva aux Prussiens que le moral de la garnison ne fléchissait pas et les obligea à diminuer leur feu pendant que le capitaine de la Laurencie, installant au Château trois pièces nouvelles de 24 qui tiraient sans voir ni être vues, réduisait au silence une partie des batteries d'Essert.

Depuis quelque temps déjà le général du Génie prussien Von Mertens et Treskow étaient en désaccord au sujet de la direction à adopter pour l'attaque. Treskow la voulait toujours par l'Ouest, Von Mertens la réclamait par le Sud. Ils avaient intercepté un certain nombre de lettres venant de Belfort. La plupart contenaient, sur les misères et sur les souffrances qu'on y endurait des détails saisissants et bien propres à réjouir l'ennemi[1].

____

[1] Le thermomètre descendait à 16 degrés au-dessous de zéro,

Mais toutes représentaient Denfert comme inébranlable dans sa résolution de tenir jusqu'à la dernière extrémité. Von Mertens insistait sur ce fait qu'après 59 jours d'investissement et 29 d'un bombardement sans trêve par l'Ouest les assiégés ne fléchissaient pas[1] ; Von Tres-kow entreprit d'écraser Bellevue sous une pluie de fer. Pendant plusieurs jours il lança sur la redoute jusqu'à 2.000 projectiles par jour. Le 31 décembre, ce nombre fut encore dépassé, mais en vain. Les canonniers français forcèrent même les Prussiens à se taire pendant plusieurs heures. Cette fois, les ordres de M. de Moltke aidant, Von Treskow dut céder et se ranger à l'avis de Von Mertens. Après quelques tâtonnements, il se décida à une nouvelle attaque contre Danjoutin. La nouvelle qu'une armée française était en marche pour délivrer le ville le décida à faire immédiatement un grand effort.

Le 7 janvier, il démasqua quatre nouvelles batteries et fit un feu terrible contre Danjoutin, la gare et les faubourgs. On riposta vivement. Jusque vers minuit, rien d'inquiétant ne se produisit vers Danjoutin. Alors éclatèrent de ce côté quelques coups de fusil « peu nourris et très intermittents[2]. » Les obus avaient coupé

parfois même, pendant la nuit, à 18 et à 19. Nos hommes n'avaient que des chaussures usées et pas de guêtres ; beaucoup avaient les pieds gelés. Il fallut leur donner des sabots et des guêtres faites avec la toile des sacs à farine vides.

[1] Le capitaine Wolff dit dans son livre t. II, p. 19. « Après un » mois de travail et de fatigues inouïes, on avait pu commencer » la lutte d'artillerie. Mais l'espoir d'une prompte capitulation à » la suite du bombardement avait disparu peu à peu et l'on se » voyait forcé de procéder à un siège régulier... Le résultat que » l'on avait atteint jusqu'à ce moment était bien insignifiant, si » l'on veut tenir compte des fatigues et des privations que les » troupes du corps de siège avaient endurées depuis deux » mois. »

[2] V. *Défense de Belfort*, p. 266.

les fils thélégraphiques. A une heure du matin, un sergent de mobiles[1] du Haut-Rhin vint prévenir Denfert
que le village était attaqué par des forces considérables
et complètement cerné. Deux compagnies de Saône-et-
Loire, chargées de défendre la tranchée du chemin de
fer de Mulhouse et de maintenir les communications de
Danjoutin avec la place avaient été surprises, avaient
lâché pied et laissé l'ennemi pénétrer dans le village.
Denfert envoya aussitôt des secours sous le commandement d'un officier d'élite, le capitaine du Génie Degombert. Degombert fut mortellement blessé et ses troupes
repoussées. Denfert fit une seconde tentative. Les troupes étaient réunies à la gare : il fut impossible de trouver l'officier supérieur qui devait les commander. Cependant la garnison de Danjoutin s'était bravement
défendue : elle eut 150 tués. L'ennemi fit plus de 700
prisonniers[2].

[1] Nos mobiles, pendant cette malheureuse guerre de 1870-1871,
ne surent jamais se garder. C'est un fait que chacun a pu cons-
tater.

[2] « Quelques jours auparavant, à Danjoutin, il avait fallu employer la force pour enlever aux habitants, ce qui restait de
denrées. Enfin le gouverneur avait dû signaler au curé de
Belfort la conduite de celui de Danjoutin, qui semait la démo-
ralisation parmi les troupes et les excitait au mépris des officiers. » V. *Défense de Belfort*, 260 et 261.

VI

L'Armée de l'Est. — Attaque de Belfort par le Sud. — Prise des
Perches et Capitulation de Paris.

On put craindre un instant, à Belfort, que la prise
de Danjoutin ne jetât le découragement dans la population et la garnison. Les souffrances étaient devenues
cruelles et les difficultés semblaient grandir de jour en
jour. Dès le 22 décembre il n'y avait plus d'argent dans
les caisses de l'Etat. MM. Denfert et Grosjean furent
obligés de créer un papier-monnaie ayant cours forcé
et que l'on appela *bons de siège*. Cela même ne suffit
pas: il fallut avoir recours à un emprunt. Les prêteurs
exigèrent une garantie personnelle de 400.000 francs[1].
On la leur donna et l'argent fut versé. Le trésor vendit aussi du tabac dont l'approvisionnement était considérable. On put ainsi faire face a tous les besoins.

[1] M. Dussieux affirme à tort, p. 95. que l'emprunt ne put pas
être réalisé. Il le fut. Plus tard, à Bordeaux même, M. de Roussy
en garantit le remboursement en termes véritablement touchants
et le Trésor français s'empressa de faire honneur à la parole de
son mandataire.

Les Prussiens usaient de tous les moyens pour abattre le moral des défenseurs de Belfort[1]. Ils avaient dans la place des espions qui leur indiquaient, jour par jour, les points sur lesquels leur artillerie pouvait porter aux assiégés les coups les plus terribles. Vingt fois, Denfert fut obligé de mettre son monde en garde contre les faux bruits qu'ils répandaient. Naturellement ils annonçaient parfois de prétendues victoires des Français, afin que la déception des malheureux qui se laissaient surprendre malgré tout fût plus cruelle. Le 8 janvier cependant, Belfort apprit de façon certaine l'approche d'une armée de secours ; le 9, en dépit même du bombardement, on entendit le canon de Bourbaki. Malheureusement celui-ci se survivait à lui-même. Le vaillant général de Crimée et d'Italie, toujours brave de sa personne sur le champ de bataille, semblait manquer de tout esprit de prévoyance et de réflexion, n'avoir ni ardeur, ni élan, douter de lui-même et des autres, ne pas savoir ordonner et combiner les mouvements de troupes nombreuses. Il laissa échapper Werder qu'il eût pu, avec l'aide de Garibaldi et de Cremer, battre complètement, dès la fin de décembre. Il lui permit d'aller de Dijon à Belfort tendre la main à Treskow, recevoir de nombreux renforts d'Allemagne, se fortifier dans d'admirables positions sur la rive gauche de la Lisaine[2]. Quelles qu'aient été les difficultés de la saison[3] et de l'approvisionne-

---

[1] Les défenseurs de Belfort essayèrent tous les moyens de se maintenir en communication avec le reste de la France. Ils vinrent à bout d'expédier heureusement plusieurs porteurs de nouvelles ; ils réussirent même à lancer un ballon qui alla porter des lettres en Suisse.

[2] La Lisaine ou Luzine a sa source dans la Haute-Saône, passe à Héricourt et vient se jeter, près de Montbéliard dans l'*Allan*, affluent elle-même du Doubs.

[3] Le froid était terrible (18° au-dessous de zéro), et la neige remplissa t les routes. Le Gouvernement de la Défense Nationale

ment, Bourbaki eût dû atteindre Werder avant le 9 janvier, date à laquelle il le battit à Villersexel ; il eût également dû l'attaquer à Héricourt avant le 15. Enfin il eût dû l'aborder par la gauche, au lieu de venir heurter de front les formidables hauteurs du Mont Vaudois, de la Chaux, et la ville de Montbéliard. C'était mettre nos malheureux soldats à la merci de l'artillerie prussienne. Il en fut en effet à peu près partout comme à Montbéliard où les nôtres ne purent mettre en batterie que deux pauvres pièces de 4 contre deux pièces de 12. Pourtant, ainsi que l'a dit M. Tallichet dans la *Revue Suisse*, nos soldats, au dire des officiers prussiens eux-mêmes, se battirent « avec un acharnement sans exemple dans « les annales militaires. » On nous a montré, sur le plateau qui domine Montbéliard, le mur à l'abri duquel les Prussiens fusillaient nos turcos et que Paul Deroulède, alors officier de turcos, n'a pas oublié, paraît-il ; on nous a fait voir la petite route qui longe le coteau et dans laquelle les Prussiens s'étaient massés, canardant à peu près impunément les nôtres et presque à bout portant. On nous a cité des traits de courage admirables. Ici c'est un sergent imberbe qui, lors de la prise de Montbéliard [1], se jette dans la propriété d'un excellent patriote mort depuis peu, M. R. Quinze Prussiens, tout à l'heure encore, occupaient la maison et venaient de se sauver dans le jardin. — « Voulez-vous « accepter quelque chose ? dit M. R. au sergent. — Merci

avait prescrit à Bourbaki, d'aller débarquer les troupes à Besançon où il n'y eût eu aucun encombrement ; Bourbaki voulut les débarquer à Clerval, ce qui produisit le désordre le plus fâcheux. La station de Clerval ne pouvait recevoir un corps d'armée. M. de Freycinet affirme que Bourbaki fut en retard de dix jours, alors que 24 heures eussent suffi pour lui assurer la victoire. (V. la *Guerre en province*, 238-260).

[1] Montbéliard, moins le château, fut occupé par les Français le 16 décembre.

7

« bien, je n'ai pas le temps. Des Prussiens étaient ici
« tout à l'heure ; par où sont-ils? — Par ici. Mais vous
« prendriez bien un cigare, s'il était allumé? —Oui ;
« cela ne retarde pas. — Hé bien! tenez, voilà. Le
jeune sergent accepte et se jette dans l'allée que M. R.
venait de lui désigner. «Prenez garde ! » s'écrie M. R.
«ils sont peut-être là, encore là tout près. » Pas de réponse, le sergent avait disparu. Au bout d'un moment,
premier coup de feu ; une minute après, second coup
de feu. « Tenez ! s'écrie le sergent en rentrant, il y en a
« deux de restés dans votre jardin. Mais ne vous inquié-
« tez pas. Bon ! mon cigare n'est pas éteint. Allons ! et
« merci ! » Il saute dehors après avoir serré la main à
M. R. L'artillerie française, sous Montbéliard, s'embourba
dans la Lisaine. Quant à l'infanterie, dépassant la
rivière, elle marcha aux Prussiens solidement établis
sur le remblai du chemin de fer de Belfort à Montbéliard, au pied des hauteurs de la Chaux qu'ils occupaient également. Un officier des mobiles de la Savoie,
appartenant à la famille Costa de Beauregard, le sabre
haut ,menait ses hommes à l'attaque du remblai. Une
balle lui brise le bras. Il prend le sabre de la main gauche et continue d'avancer. Son bras gauche est également cassé au moment où il abordait le remblai. Il se
fait mettre le sabre dans les dents et saute sur le remblai.
A peine y était-il qu'un troisième coup l'étend raide
mort.

Le 15, par une fausse manœuvre [1], Bourbaki avait man-
qué en partie le mouvement tournant qu'il voulait exécuter sur la gauche ; il avait cependant gagné du terrain. Le 16, il s'emparait de Montbéliard sans pouvoir
chasser les Prussiens qui occupaient le château. Plus
heureux que la veille, il délogeait les Prussiens de

---

[1] Voir M. de Freycinet, la *Guerre en province*, p. 241.

Frahier, de Chênebier et d'Etobon, sur la gauche[1], mais il ne pouvait venir à bout de les déborder complètement. Il n'était pas plus heureux le lendemain 17 ; les Prussiens se maintenaient sur toute la ligne. Eût-il réussi s'il eût montré plus de persévérance et recommencé l'attaque une quatrième fois? Ainsi que l'affirment plusieurs écrivains militaires suisses, et entr'autres M. Tallichet les Prussiens étaient-ils si éprouvés et si épuisés qu'il leur eût été absolument impossible de renouveler les efforts qu'ils avaient fait les jours précédents? Nous ne savons. Mais ce que les faits montrent avec la dernière évidence, c'est qu'en appuyant vigoureusement sur sa gauche, dès le début, Bourbaki eût rejeté bien vite les Prussiens sous le canon de Belfort[2] et assuré son succès, changé peut-être la face de la guerre. Qui peut prévoir en effet ce qui fût advenu si Belfort débloqué, Werder et Treskow battus, l'Alsace presque tout entière debout, la base des opérations des armées allemandes eût été, non pas menacée, mais absolument compromise?

Malheureusement, chose incroyable et certaine cependant, si étrange qu'elle doive paraître, Bourbaki ne s'était pas mis en rapport avec le commandant de Belfort. Nous devons même croire qu'il n'avait pas cherché à le faire. En effet, à toutes les dates du siège, et comme nous l'avons vu, il fut relativement assez facile de faire entrer des émissaires dans la ville. Quant à Denfert, il avait parfaitement saisi toutes les exigences

---

[1] V. la carte n° 3. A Frahier, l'armée de l'Est était à *huit* kilomètres de Belfort. Pendant les trois jours que dura ce qu'on a appelé depuis la bataille d'Héricourt, les habitants de Belfort ne purent pas toujours, à cause du bombardement, entendre le canon de Bourbaki. Mais ils virent bien la fumée.

[2] Les canons de Belfort portaient jusqu'à Châlonvillars, à 4 kilomètres de Frahier. Voir la carte n° 3.

et aussi toutes les chances favorables de la situation. Dès qu'il avait entendu le canon de Bourbaki, il avait annoncé la bonne nouvelle à la garnison et aux habitants en termes bien saisissants, surtout si l'on tient compte du caractère d'un homme difficile à émouvoir : « Jamais plus délicieuse ni plus douce harmonie ne fit « tinter oreille humaine. » Puis, pour annoncer qu'il était prévenu, qu'il agirait, qu'il agissait, il fit tirer par tous les canons de la place une salve de cinq coups à blanc. C'était à la fois un encouragement et un appel. Hélas ! tous deux furent en pure perte.

C'est le 15 décembre, après une triple reconnaissance sur Chèvremont, sur l'Arsot et sur Essert, après s'être assuré que Treskow n'avait pas dégarni ses lignes d'investissement, que Denfert avertissait ainsi Bourbaki. Le 16, devinant fort bien de quel côté eût dû porter le principal effort de l'armée de secours, Denfert ordonna une grande reconnaissance du côté d'Essert. Comme toujours, le commandant Chapelot fut chargé du rôle le plus important. Il devait, dans le cas où les Prussiens vaincus voudraient opérer leur retraite par Sévenans, ce qui était la direction indiquée, les attaquer vigoureusement à Bessoncourt et à Chèvremont. Le brave commandant Chabaud, du 4ᵉ bataillon de la Haute-Saône, à la tête de son bataillon et de 9 compagnies du 3ᵉ bataillon de la mobile du Rhône, marcha résolûment sur Essert. L'artillerie du Château, des Barres et de Bellevue battait les positions ennemies. Les nôtres arrivèrent à 80 mètres des pièces de siège prussiennes, fusillèrent pendant plus d'une heure les canonniers et les gardes de la tranchée. Mais n'entendant aucune attaque du côté de Bourbaki, ne voyant arriver aucun détachement français, ils durent enfin battre en retraite. Le désordre fut tel chez l'ennemi que, pendant plus de trois heures, il ne put recommencer son feu. Que fût-il arrivé si Bourbaki eût prévenu Denfert, si la place et l'armée de secours eussent pu combiner un mouvement ? Quoi qu'il en soit, Denfert, dans la nuit du 16 et 17, envoya encore des reconnaissances dans diverses directions. Elles montrèrent l'ennemi partout en forces et sur ses gardes. Dans ces conditions, le gouverneur de Belfort ne crut pas devoir ordonner une sortie générale. L'événement a prouvé qu'il eut raison, mais ceux qui applaudirent à la conduite de Bazaine lui en ont fait, lui en font encore un crime. La gloire de Belfort est en effet la condamnation de l'Empire, de Sedan et de Metz.

Jamais population et garnison ne furent plus unies dans la même pensée de résistance quand même que du jour où ils se virent abandonnés complètement. Nos obus s'épuisaient : on mit en batterie de gros mortiers, des canons de 16 lisses qui atteignaient les Prussiens à 3.000 mètres. Les Prussiens lançaient d'énormes obus Krupp pesant 78 kilogrammes, perçant un « blindage « formé de pièces de bois de sapin de 50 à 60 centimè- « tres d'équarissage, d'une couche de rails de 12 centi- « mètres d'épaisseur, d'un mètre de fumier, de 2 mè- « tres de terre, d'une autre couche de rails[1]; » les casemates et les blindages étaient toujours réparés pendant la nuit : le Château, devenu l'objectif principal, depuis qu'il avait fallu renoncer à l'espoir d'écraser Bellevue, tenait tout aussi bien. Quoi qu'il lui en coutât, Treskow dut se résigner à entreprendre un siège régulier. Mais pour cela, il fallait au préalable s'emparer des Perches. Maître de Danjoutin, maître des bois qui dominent Pérouse, Treskow lança 3.000 de ses soldats sur le village. Une ruse semblable à celle qui leur avait réussi

---

[1] Un obus Krupp fit un jour sauter une des poudrières du Château : 19 artilleurs furent tués ou blessés. Le lieutenant Simothel, qui se précipitait pour aller secourir les blessés, fut mortellement frappé par un second obus.

au Mont leur permit de surprendre les avant-postes[1].
Mais c'étaient le commandant Chapelot et le capitaine
Perrin qui défendaient le village : malgré leur énorme
supériorité numérique, les Prussiens durent battre en
retraite, non sans avoir subi de grosses pertes. Toutefois, il n'était pas possible de les déloger des bois : on
dut évacuer Pérouse. Pressé à tout instant d'en finir
par le grand quartier-général de Versailles, Treskow
multipliait les batteries : bombes, obus, shrapnells tombèrent au nombre de 8000 sur la ville et sur les forts,
le 21 janvier ; Treskow espérait toujours recevoir des
ouvertures ; les quelques déserteurs qu'il interrogea
lui apprirent qu'il n'y fallait pas penser. Cependant les
soldats prussiens commençaient à se lasser ; les travaux
de leur première parallèle contre les Perches étaient
tout particulièrement longs et pénibles ; la fusillade de
nos éclaireurs ne leur laissait aucun moment de repos ;
ils appelaient les lignes de Belfort, la Fabrique de cadavres (*Todterfabrik*) Belfort même, la Caverne du diable,
(*Teufclsgrub*). Fort exactement renseigné sur les Perches
par les ordres du général Doutrelaine, trouvés à Strasbourg[2], Von Treskow entreprit d'enlever la position par

[1] Ils envoyaient en avant des sections de troupes, formées de
descendants de réfugiés de l'Édit de Nantes. Ces soldats, qui par-
lent le français sans aucun accent criaient : « Par ici les mobiles !
France à moi ! »

[2] Ainsi après avoir porté la peine de l'abominable mesure prise
par le plus despote de nos rois, de la Révocation de l'Édit de
Nantes, nous portions encore la peine de la négligence de nos
gouvernements et de nos administrations supérieures. Il semblait
qu'on se fût étudié, depuis la Révolution, à mettre tous nos
outils, tout notre canon, tous nos bons fusils, tous nos plans,
sous la main de l'ennemi, à Metz et à Strasbourg. Et c'était avec
nos outils que les Prussiens travaillaient à Belfort, avec nos canons qu'ils se fortifiaient sur la Lisaine, qu'ils bombardaient
Dijon et Autun, avec nos plans qu'ils se guidaient, etc. etc. Au
mépris des prescriptions militaires, rien ne fut détruit ni à Metz
ni même à Strasbourg.

un coup de main. Le 26 janvier au soir, cinq bataillons allemands se jetèrent sur les Hautes et Basses-Perches. Aux Basses-Perches, ils parvinrent en rampant à pénétrer dans le fossé où ils se firent tuer ou prendre. Aux Hautes-Perches, ils ne purent même pas aborder la position et furent vigoureusement repoussés. Mais il nous tuèrent le brave capitaine du Génie M. Journet. Le sergent Plain, du Génie de la mobile du Haut-Rhin, plus heureux que quatre de ses camarades qui s'étaient fait tuer, enleva à l'ennemi le corps du capitaine. Nous avions perdu 54 tués ou blessés ; les Allemands avaient eu 212 hommes tués ou blessés et ils laissaient entre nos mains 29 blessés et 196 prisonniers.

A la fin de janvier, Von Treskow causa une certaine émotion chez les mobiles en faisant circuler parmi eux le billet suivant :

« Messieurs ! J'ai l'honneur de vous annoncer que Paris a capitulé le 29 janvier, 2 heures et 49 minutes après midi. Tous les forts sont occupés par nos soldats. Les troupes de Paris, excepté la garde nationale, sont prisonnières de guerre. La garde nationale a le service de sécurité dans la ville. Les armées du nord et de l'ouest ont l'armistice de trois semaines pour préparer la paix. »

Beaucoup de ces jeunes soldats, qui ne comprenaient pas pourquoi Belfort était exclu de l'armistice, accusaient Denfert de prolonger leurs souffrances uniquement par orgueil personnel. Avec le concours empressé de MM. Grosjean et Mény, le gouverneur démontra à tous que l'intérêt supérieur de la Patrie exigeait la continuation de la défense. On atteignit ainsi le 4 février. A cette date, la douloureuse nouvelle de la capitulation de Paris et de la fin de la guerre ne pouvant plus être

révoquée en doute, Denfert demanda et obtint de Von
Treskow, pour l'un de ses officiers, M. le capitaine Châtel, l'autorisation de traverser les lignes prussiennes
pour aller s'assurer à Bâle de l'exactitude des faits et
rentrer ensuite dans la place. Les plaintes se calmèrent;
elles cessèrent même tout à fait, grâce à un acte habile
du colonel Denfert. Le 31 janvier, un de ces énormes
Krupps de 78 kilos, que nos soldats appelaient des
« enfants de troupe », tomba sur la prison où étaient ren-
fermés les prisonniers allemands, en tua 4, en blessa 16 et
produisit le plus horrible spectacle. Les officiers allemands
protestèrent et demandèrent à Denfert ou de les mettre
à l'abri des projectiles ou de leur rendre la liberté. Denfert leur déclara qu'il était prêt à prendre ce dernier
parti si Von Treskow, en retour, laissait sortir les enfants, les femmes et les vieillards, ainsi que l'avait demandé le président de la Confédération Suisse. Les prisonniers acceptèrent, écrivirent à Von Treskow, mais
éprouvèrent le refus le plus formel. Denfert mit
cette correspondance à l'ordre du jour; l'ennemi fut
jugé, et l'autorité du commandant plus forte que jamais.

Au bout de vingt jours et après des «fatigues presque sur-
humaines » dit le capitaine prussien Wolff, l'ennemi était
arrivé à rendre les Perches intenables. On les abandonna
le 7 Février et, au bout de 98 jours d'investissement, de
68 de bombardement, les Prussiens furent au même point
que si Denfert n'eût pas été là, au début de la guerre,
pour fortifier ces hauteurs. Encore furent-ils contraints
de les évacuer d'abord, car le Château, la Justice, la
Miotte et Bellevue ouvrirent aussitôt dessus un feu
« épouvantable » dit le capitaine Wolff. Mais du côté
des Prussiens aussi, le feu redoublait de rage; sur la
ville, sur le Château, sur la Justice, les projectiles s'abat-
tirent par masses, particulièrement le 9 février au ma-

tin[1]. Et l'on n'avait de nouvelles ni du commandant Châtel, ni du gouvernement français. Alors quelques-uns
osèrent parler de capitulation. Denfert, pour tout arrêter,
se décida à demander à Von Treskow un armistice qu'il
savait ne pas devoir obtenir. Il écrivit en ces termes à
Von Treskow :

« Général, j'ai appris par les journaux les événements
de ces derniers jours, et je sais aujourd'hui d'une ma-
nière positive qu'un armistice général existe et que
nous sommes seuls à continuer les hostilités. Dans ces
conditions, je crois devoir, au nom de l'humanité, vous
demander la conclusion d'un armistice jusqu'au retour
de M. le capitaine Châtel, qui me rapportera sans
doute des instructions du gouvernement français.
M. le capitaine du Génie Krafft, porteur de la présente
lettre, est autorisé à attendre votre réponse et à régler
les conditions de l'armistice éventuel, sur la base de la
conservation réciproque de nos positions actuelles. »

Von Treskow répondit :

« En réponse à votre lettre d'hier, j'ai l'honneur de vous
informer qu'à mon grand regret il m'est impossible de
consentir à l'armistice proposé, attendu que j'ai pour
mission de m'emparer de la forteresse le plus tôt possible,
et qu'en conséquence il m'est interdit de perdre du
temps. Je tiens pour superflu de soumettre votre demande à S. M. l'empereur, d'autant plus que l'armistice pour Belfort est formellement exclu de la convention du 28 janvier 1871. Veuillez, etc. »

[1] C'est ce jour-là que fut tué le capitaine Choulette, qui avait
rendu à la défense tant de services.

Denfert publia lettre et réponse dans un ordre du jour qui se terminait ainsi :

« Nulle force militaire, quelque considérable qu'elle soit, n'est en mesure de briser, avant un certain temps, la résistance de la place. Que la population et la garnison soient prévenues également que leur sort dépend de la continuation de notre résistance jusqu'à la conclusion de la paix. Cette conclusion ne peut tarder, notre pays n'étant malheureusement pas en mesure de continuer la lutte, et l'Assemblée nationale se réunissant le 12 de ce mois à Bordeaux. Armons-nous donc de courage et de résignation, et continuons, pendant les quelques jours de souffrance qui nous restent à passer, à montrer l'attitude énergique et résolue qui nous a valu l'insigne honneur de rester debout, lorsque tous les autres avaient été obligés de céder à la puissance de l'ennemi. »

On se tut d'abord. Mais, dès le lendemain 10, le bombardement fut tel que l'esprit de mutinerie, en dépit des efforts de la population qui sentait qu'une capitulalation la livrerait pour toujours à l'Allemagne, reparut parmi les mobiles. Usant d'une ressource suprême, Denfert rendit les officiers responsables de la conduite de leurs soldats. Il leur parla tour à tour en patriote, en commandant militaire qui veut être obéi à tout prix, en homme enfin qui entre déjà dans l'histoire, comme l'attestent ces derniers mots : « Notre situation, sans précédents dans l'histoire, nous impose des devoirs exceptionnels ; soyons-en dignes. » Ce magnifique langage fut entendu : tous rentrèrent dans le devoir.

Comme il fallait réserver les derniers obus rayés pour le moment suprême, la place ne répondait plus au feu de l'ennemi qu'en lançant des bombes et des boulets sphériques au moyen de vieilles pièces lisses. Il est à croire cependant qu'elle répondait avec succès. En effet le 12 février, M. de Moltke autorisait le général Von Treskow à signer la reddition de la place, même si Denfert exigeait la liberté d'emmener la garnison et d'emporter les archives. Le 13, Treskow voulut encore essayer d'une sommation. Il écrivit à Denfert :

« Suivant votre désir du 4 de ce mois, j'ai consenti au voyage du capitaine Châtel à Bâle pour s'instruire de l'état des choses en France.

Je n'aurais pu donner suite à votre demande d'armistice du 8 jusqu'au retour de cet officier sans perdre les fruits de ma prise de possession des Perches. Mais j'ai ralenti mon feu [1], dans l'attente du prochain retour du capitaine Châtel. Ce retour, tant qu'il est en ma connaissance, n'a pas encore eu lieu.

Je ne puis attendre plus longtemps sans négliger la mission qui m'a été donnée. Je vais donc recommencer mon attaque de la façon la plus énergique. Je sais que mes nouveaux moyens d'attaque [2] coûteront énormément de sang, et que par suite beaucoup de personnes civiles seront atteintes. Je considère donc comme mon devoir, avant de recommencer mon attaque, et je vous prie derechef de vouloir bien peser si maintenant le temps n'est pas venu où vous pourriez avec honneur me rendre la place.

Je me suis établi sur les Perches, et je possède les moyens nécessaires pour détruire le Château. Il n'y a plus à compter aujourd'hui sur une levée du siège. Non-seulement, suivant mon opinion, mais aussi suivant l'avis

[1] C'était faux : le feu n'avait fait que croître depuis le 4 février. Voir Dussieux, p. 124.

[2] 60 pièces en batterie sur les Perches, dont 40 du plus gros calibre qui, par leur feu, allaient protéger les travaux de sape dirigés contre le Château. (Wolff cité par Dussieux *Ibid.*)

d'autorités françaises, comme selon le jugement qui a été porté le 10 mars 1869, sous la direction du général Frossard[1], par une commission réunie à cet effet, le Château ne pourra pas résister longtemps aux batteries établies sur les Perches, et comme s'exprime la commission, la prise du Château terminera toute résistance. Il m'a été tracé un chemin que je suis forcé de suivre. Belfort n'est plus à sauver pour la France.

Il dépendra donc maintenant de vous seul d'éviter, par la conclusion d'une capitulation honorable, une plus longue effusion de sang, et je suis tout disposé, *en considération de votre défense jusqu'ici si héroïque*, à vous faire des conditions favorables. Je suis obligé de m'en rapporter à vous pour savoir s'il vous conviendra d'accepter ma proposition. Mais, d'un autre côté, ce sera aussi sur vous que retombera la responsabilité, dans le cas où vous m'y contraindriez, de réduire Belfort en un monceau de cendres et d'ensevelir les habitants sous les décombres.

Je ne compte pas sur une réponse précise, mais j'attendrai douze heures avant de recommencer mon attaque renforcée. Si d'ici là je ne reçois pas de vous une proposition acceptable, je ne reculerai pas devant les mesures les plus extrêmes, sachant que ce seul chemin m'est tracé pour accomplir ma mission. »

Denfert ne répondit pas.

[1] Treskow fait allusion au rapport qui avait été trouvé par les Prussiens à Strasbourg, comme nous l'avons déjà vu plus haut.

VII

La reddition. — Denfert député et questeur. — Sa mort,

Aux élections du 8 février pour l'Assemblée de Bordeaux, MM. Grosjean et Denfert avaient été nommés députés du Haut-Rhin. Grâce à la présence d'esprit d'un officier de la garnison, ils en avaient été avertis aussitôt. Denfert demanda au général de Treskow, pour M. Grosjean, l'autorisation de sortir de la place et l'obtint. En même temps il pria M. Grosjean de tâcher d'obtenir, dès qu'il le pourrait, la réponse que l'on attendait en vain de M. Châtel depuis le 4. M. Grosjean, sans même prendre le temps d'aller embrasser les siens, se rendit à Bâle et écrivit par le télégraphe au gouvernement français : *« que si la résistance était utile, elle continuerait, mais qu'en cas contraire il y aurait inhumanité à prolonger les souffrances des habitants et de la garnison* [1]. *»* La réponse

---

[1] Nous avons vu la dépêche. Un M. Caillé, qui crie dès qu'on prononce avec éloge le nom du colonel Denfert, qui accuse le colonel Denfert d'avoir « perdu Belfort, » prétend que Denfert eut la faiblesse de « réclamer du gouvernement l'autorisation de

fut expédiée par l'intermédiaire de M. de Bismarck et du général de Treskow. La voici :

Le gouvernement français à Paris m'envoie pour le commandant de Belfort le télégramme suivant, que je vous prie de lui faire parvenir par un parlementaire.

« Le commandant de Belfort est autorisé, vu les circonstances, à consentir à la reddition de la place. La garnison sortira avec les honneurs de la guerre et emportera les archives de la place. Elle ralliera le poste français le plus voisin. »

Pour le ministre des affaires étrangères,

Signé : PICARD.

Contre-signé : BISMARCK.

Cette fois Treskow compta que Denfert allait lui rendre immédiatement Belfort. Il fut déçu. Denfert déclara qu'il ne pouvait tenir compte d'une pièce de cette importance, transmise par l'ennemi. Von Treskow menaça de rouvrir le feu : Denfert, toujours impassible, exigea une suspension d'armes pendant laquelle un de ses officiers, le capitaine Krafft, irait à Bâle réclamer un avis direct à propos de la reddition. A huit heures et demie du soir, le 13 février, comme nous l'avons dit déjà, le maréchal des logis Huyghes tirait au Château le dernier coup de canon de la guerre de 1870-71.

rendre la place. » On voit quelle est la valeur de cette affirmation. Il est vrai que les accusations de M. Caillé doivent être accueillies comme des éloges par tous ceux qui ont su lors de la guerre comment M. Caillé, chef du bureau de *l'Intendance et des Transports au Ministère*, avait organisé ces services. Depuis avril, 1872, le Ministère et la France sont privés des services de M Caillé.

Deux jours plus tard, le consul de France à Bâle garantissait l'authencité de la dépêche expédiée de Paris. Denfert chargea le commandant Chapelot et le capitaine Krafft d'aller négocier la convention à Pérouse, mais il voulut que la mention suivante fût mise en tête: « Entre MM. Denfert-Rochereau, colonel du Génie, commandant supérieur de Belfort et de Treskow, lieutenant-général de S. M. le roi de Prusse, commandant de l'armée assiégeante de Belfort

Il a été convenu ce qui suit : Le colonel Denfert, sur l'autorisation spéciale qui lui a été donnée, vu les circonstances, par le gouvernement français, remet au lieutenant général de Treskow la place avec ses forts[1]. »

La garnison dut sortir tout entière avec ses armes et bagages, pleine liberté de reprendre les armes si la paix n'était pas signée et emmenant tout le matériel qu'elle pourrait emmener[2]. Elle partait comme pour un changement de garnison et sans les honneurs de la guerre que l'on accorde à ceux qui capitulent. Mais Denfert réclama vainement pour la population civile l'exemption de charges militaires après l'occupation par les Allemands : Treskow persista à déclarer que ses pouvoirs ne lui permettaient pas d'aborder la discussion de ce point. Le 16 la convention était signée ; dès le 17 la garnison, répartie en onze colonnes, emmenant avec elle tous les malades et blessés pouvant se traîner, commença à sortir, et le 18 Belfort était évacué. Avant de quitter la ville, Denfert adressa à la garnison et à la population une proclamation que nous regrettons vivement de ne pouvoir transcrire en entier. Elle se terminait ainsi[3] :

---

[1] Voir de Clercq, tome X, p. 428.

[2] Faute de chevaux, on ne put emmener qu'une batterie de 6 pièces ; il fallut abandonner presque tout le matériel.

[3] On peut la trouver dans la *Défense de Belfort*, 428-429 et dans Dussieux, 131.

« On prétend nous faire craindre qu'au mépris des principes et des idées modernes le traité de paix que nous allons subir ne consacre, une fois de plus, le droit de la force, et n'impose à l'Alsace tout entière la domination étrangère. Mais je reste convaincu que la population de Belfort conservera toujours les sentiments français et républicains qu'elle vient de manifester avec tant d'énergie. En consultant du reste l'histoire même du siècle présent elle y puisera la légitime confiance que la force ne saurait longtemps prévaloir contre le droit.

Vive la France ! Vive la République ! »

Il n'oublia pas non plus qu'il devait à M. Mény un témoignage tout particulier d'estime. Il lui écrivit : « Au moment de quitter la place de Belfort, je tiens à vous témoigner toutes les satisfactions que j'ai éprouvées de votre admirable conduite pendant le siège. Vous vous êtes montré véritablement maire, donnant à tous l'exemple du dévouement. » Un coup d'œil jeté sur la ville le jour où les Prussiens y entrèrent, montrera combien cet éloge était mérité, avec quel empressement la population civile, sacrifiant ses plus chers intérêts à l'intérêt supérieur de la défense, s'était associée aux courageux efforts de la garnison, avait bravé tous les dangers. L'Hôtel de Ville et l'église, criblés d'obus, menaçaient ruine ; toutes les maisons étaient trouées, éventrées, plusieurs brûlées, les cheminées abattues, les toits effondrés, le théâtre détruit, les faubourgs en partie incendiés, les rues remplies de débris à près d'un mètre de hauteur. Au Château tout était bouleversé, murs et casemates, mais les pièces étaient sur roues, prêtes à faire feu ; bref selon le mot de MM. Thiers et de la Laurencie » l'homme n'avait plus d'abri, mais les pièces étaient intactes[1]. » Villages fortifiés par Denfert, faubourgs, ville et forts avaient reçu au moins 450.000 obus, si l'on en croit les documents français[2]. Les Prussiens ont crié à l'exagération. Mais comment se fait-il alors que, de leur propre aveu, après le siège, ils aient ramassé dans les décombres et vendu plus de *onze millions de kilogrammes* de fonte et de plomb, débris de leurs projectiles ?

A cette épouvantable consommation de fer la place, brûlant 200.000 kilogrammes de poudre et 1.200.000 cartouches, n'avait pu répondre que par 86.200 projectiles. Denfert avait voulu réserver jusqu'au dernier moment 20.000 obus oblongs. Cent mobiles avaient déserté; les Prussiens nous avaient fait 800 prisonniers ; 1.600 malades ou blessés restaient encore dans les hôpitaux, lors du départ de Denfert ; le feu de l'ennemi et les maladies avaient fait dans nos rangs 2.500 victimes. La garnison était donc réduite à environ 11.000 hommes. Quant à la population civile, elle avait eu 262 morts, dont 50 tués par les obus. Les pertes matérielles s'élevaient pour la ville à 2.762.000 francs, et pour les villages à 2.294.000, c'est-à-dire à 5.056.000 francs en tout. Les Prussiens avouent de leur côté 3.000 hommes tués ou blessés et 300 morts de maladie. C'est bien peu quand on se rappelle le nom de *fabrique de cadavres* donné à Belfort, quand on a vu comme nous et d'après l'aveu du capitaine Wolff lui-même que, sur les 26.000 hommes formant l'effectif de l'armée de siège au 16 décembre, 2.500 étaient atteints par la maladie.

---

[1] Le capitaine Wolff reconnaît que les travaux de siège, pour obliger la place à capituler, auraient encore exigé 4 à 5 semaines. (V. Dussieux, p. 129).

[2] On trouve dans la géographie du Territoire de Belfort, par A. Joanne, p. 37, une gravure représentant assez exactement, paraît-il, l'église de Belfort aussitôt après le siège.

Quoi qu'il en soit, l'accueil fait par les habitants aux Prussiens lors de leur entrée à Belfort fut des plus significatifs. Les rues étaient désertes ; le défilé de leurs soldats, le service d'action de grâces qu'ils firent célébrer dans le Vallon n'attirèrent personne. Pourtant, même alors, il devait y avoir, il y avait à Belfort quelques représentants de cette classe d'hommes toujours nombreuse, hélas! et impérissable comme la sottise dont elle procède, les badauds, pour lesquels un spectacle, quel qu'il soit, a d'irrésistibles attraits. Mais la douleur de la population était telle que ces gens-là même craignirent de lui insulter. Les Prussiens, eux, n'en furent que plus irrités. Aussi nulle part leur occupation ne s'étala avec plus de morgue ; nulle part elle n'amena avec elle un cortège plus complet de brutalités, de lâches vexations. Encore nos malheureux compatriotes craignirent-ils longtemps d'être arrachés à cette patrie pour laquelle ils s'étaient résignés à un véritable martyre. C'est le 26 février seulement que les préliminaires de paix furent signés à Versailles ; que M. de Bismarck consentit officiellement à laisser à la France la ville que Denfert nous avait conservée. Pour forcer notre implacable ennemi à reconnaître que le droit de la force lui-même ne lui permettait pas de revendiquer une ville dont il n'avait pas pu s'emparer, M. Thiers dut le menacer d'un appel à l'Europe. Le 1er Mars [1] seulement, les Belfortains commencèrent à espérer. Le traité signé à Francfort le 10 mai 1871 ne les rassura pas complètement. Il stipulait bien la conservation de Belfort à la France ; il garantissait bien en outre la conservation [1]

[1] On se rappelle que le texte des préliminaires de paix fut lu à l'Assemblée de Bordeaux le 28 février et que le 1er mars seulement on déclara que le sort de la guerre condamnait la France à abandonner l'Alsace et la Lorraine.

[2] En 1876 déjà, la population du Territoire de Belfort était

d'un territoire de 60.826 hectares et de 57.000 habitants autour de la courageuse petite ville moyennant la cession à l'Allemagne de 10.000 hectares et de 7.000 habitants de plus dans notre malheureux département de la Moselle. Mais les habitants de Belfort connaissaient si bien la mauvaise foi allemande qu'ils ne furent complètement rassurés que du jour où la rançon de cinq milliards payée, les six derniers départements occupés évacués, une garnison française vint remplacer les Prussiens partis le même jour, le 5 avril 1873. Inutile de dire combien ils laissèrent déborder leur joie ceux qui après un investissement de 103 jours, un bombardement épouvantable de 73 jours, deux ans et deux mois d'occupation exécrée, se retrouvaient enfin libres et Français !

En quittant Belfort, Denfert se dirigea sur Lyon, la ville la plus directement menacée, si les négociations entamées par la paix pendant l'armistice n'aboutissaient pas. Chaque jour il donnait à sa petite armée de très-minutieuses instructions pour éviter toute surprise et se mettre en mesure de prendre au plus tôt et le plus utilement part à la lutte, dans le cas où elle recommencerait. Arrivé à Bellegarde, il reçut l'ordre de se diriger sur Grenoble. C'est là que son corps fut dissous. Avant de quitter ses soldats, il adressa trois ordres du jour : 1° aux gardes mobilisés du Haut-Rhin ; 2° aux mobiles et aux soldats de l'armée régulière ; 3° aux troupes du Génie et de l'artillerie. Ce dernier se terminait ainsi :

« Malgré tous vos efforts, les malheurs de la Patrie ont obligé la place de Belfort à subir les souillures de

---

montée à 68.000 habitants, grâce surtout à la venue d'un grand nombre d'Alsaciens ayant opté pour la nationalité **française**. Aujourd'hui elle est de 74.244. (Recensement de 1881).

l'étranger. **Mais du moins** elle nous est conservée, et elle pourra dans l'avenir nous servir de boulevard contre de nouvelles attaques, et nous aider à préparer la revendication de l'intégrité de notre territoire.

« En attendant ce moment, que notre **cri de ralliement** soit:

« Vive la France et vive la République! »

Ce langage n'était pas de nature à plaire à la majorité de l'Assemblée élue « en un jour de malheur[1]. » Recommander l'amour de la République aux soldats alors que l'Assemblée travaillait fort consciencieusement à renverser la République et à restaurer la Monarchie était faire acte de mauvais Français, sinon au jugement de M. Thiers lui-même, au moins d'après ceux qui, les premiers, l'avaient porté à la Présidence de la République et qui, les premiers aussi, lui déclarèrent une guerre sans trêve et sans merci, du moment où il affirma l'intention de faire son devoir, de maintenir ce gouvernement républicain, dont il était le premier magistrat. Au lieu de réclamer pour Denfert la récompense à laquelle le défenseur de Belfort avait droit, M. Leflô ministre de la guerre, le mit en non-activité par retrait d'emploi ; la commission des grades, au lieu de faire dater sa nomination de colonel du jour où il avait été promu par M. Gambetta, du 19 octobre 1870, la reporta au 1er janvier 1871, si bien que de 18e il devint 26e sur la liste des colonels du Génie. Il perdit ainsi huit rangs pour l'avancement. Il avait nommé le capitaine Perrin chef de ba-

---

[1] On se rappelle que cette désignation fut appliquée à l'Assemblée du 8 février par l'un de ses membres les plus réactionnaires, par M. Beulé, ministre de l'Intérieur, après la chute de M. Thiers, le 24 mai 1873, dans le premier cabinet présidé par M. le duc de Broglie. M. Beulé se fit justice à lui-même ; il se tua après quelques semaines de ministère.

taillon à titre définitif ; le brave et excellent officier fut
remis capitaine. Il avait proposé pour l'avancement les
cinq officiers qui s'étaient le plus distingués pendant le
siège : on ne tint aucun compte de la présentation. Il
est vrai que les cinq proposés étaient républicains.
N'oublions pas de dire cependant qu'au mois d'avril 1871
le colonel Denfert recevait la croix de commandeur, que
13 croix d'officier, 67 croix de chevalier étaient réparties entre les défenseurs de Belfort. M. Mény fut promu officier et M. L. Stéhelin nommé chevalier de la Légion d'honneur. L'opinion publique commençait déjà à
imposer silence aux haines politiques[1].

On l'a vu déjà, le colonel Denfert avait suivi dans la
retraite ses dix collègues du Haut-Rhin après le vote du
traité de paix par l'Assemblée de Bordeaux-Versailles[2].
Aux élections complémentaires du 2 juillet 1871 qui,
comme chacun sait, commencèrent la série de succès
électoraux grâce auxquels la République a triomphé
des intrigues et des trahisons, il posa sa candidature et
fut nommé dans trois départements, dans le Doubs,
l'Isère et la Charente-Inférieure. Le Doubs lui donna
20.000 voix sur 54.088 ; l'Isère 81.021 sur 107.351, la
Charente 35.126. Il opta pour ce dernier département
et prit la part la plus active aux travaux parlementaires. Naturellement il s'occupait avant tout des ques-
tions intéressant l'armée. Pour les traiter, il aborda la
tribune à plusieurs reprises. Ce fut lors de la discussion
de la loi sur le recrutement, le 28 mai 1872, que se
produisit entre lui et le général Changarnier l'incident

[1] Le capitaine Perrin n'avait pas été compris dans cette promotion. C'est seulement le 20 nov. 1872, qu'il fut nommé officier
de la Légion d'honneur. Il était encore capitaine quand il prit sa
retraite, le 30 av. 1875. (Dussieux, p. 143).

[2] Denfert avait été nommé le second sur onze députés, par
66.021 voix.

mentionné plus haut. Denfert venait d'exposer devant l'Assemblée, avec une clarté, une simplicité et une modération de langage qui n'excluait pas du tout la vigueur, les raisons qui l'empêchaient d'admettre la théorie de « *l'obéissance passive* » lorsqu'il fut brutalement interrompu par Changarnier. Deux jours après, pour lui prouver combien il lui savait gré d'avoir répondu par le dédain le plus absolu à la sotte injure de l'ancienne dupe de Bazaine, du vaniteux et insuffisant personnage qui s'était fait fort, en 1848, d'avoir « l'habitude de vaincre, » le groupe le plus important de l'assemblée, celui de l'Union républicaine, nomma Denfert son président. Denfert soutenait déjà, du reste, et très-énergiquement, une thèse chère à l'illustre Gambetta et à ceux qui veulent que nous ayons désormais, non pas seulement une *armée nationale* mais la *Nation armée*. Il n'admettait pas, même comme expédient transitoire, l'ancien remplacement, déguisé sous le nom de volontariat d'un an[1]. Il voulait que tous les jeunes gens, quelle que fût leur situation de fortune, quelle que fût leur vocation, quels que fussent leur savoir et leur intelligencce, entrassent dans l'armée pour le même temps. Selon lui, les natures d'élite devaient tendre à élever jusqu'à elles ce qui était moins bien doué,

[1] On nous a raconté, à ce propos, une fort curieuse anecdote, mais dont nous n'avons pas pu, à notre grand regret, vérifier l'exactitude. Un jeune capitaine, peu réfléchi, se serait un jour rencontré avec Denfert dans un wagon du chemin de fer de Versailles et aurait fait à Denfert, sans le connaître bien entendu, le tableau des misères de l'engagé conditionnel, obligé de frayer avec des gens de rien, de coucher à la chambrée, etc. Denfert aurait feint d'accueillir toutes les plaintes, puis il aurait demandé à son interlocuteur combien il faudrait dépenser pour mettre MM. les volontaires à l'aise. L'autre aurait été obligé d'avouer que la somme serait énorme et alors Denfert aurait répondu qu'il était bien regrettable que 1870 nous eût imposé d'autres soucis, d'autres frais, etc.

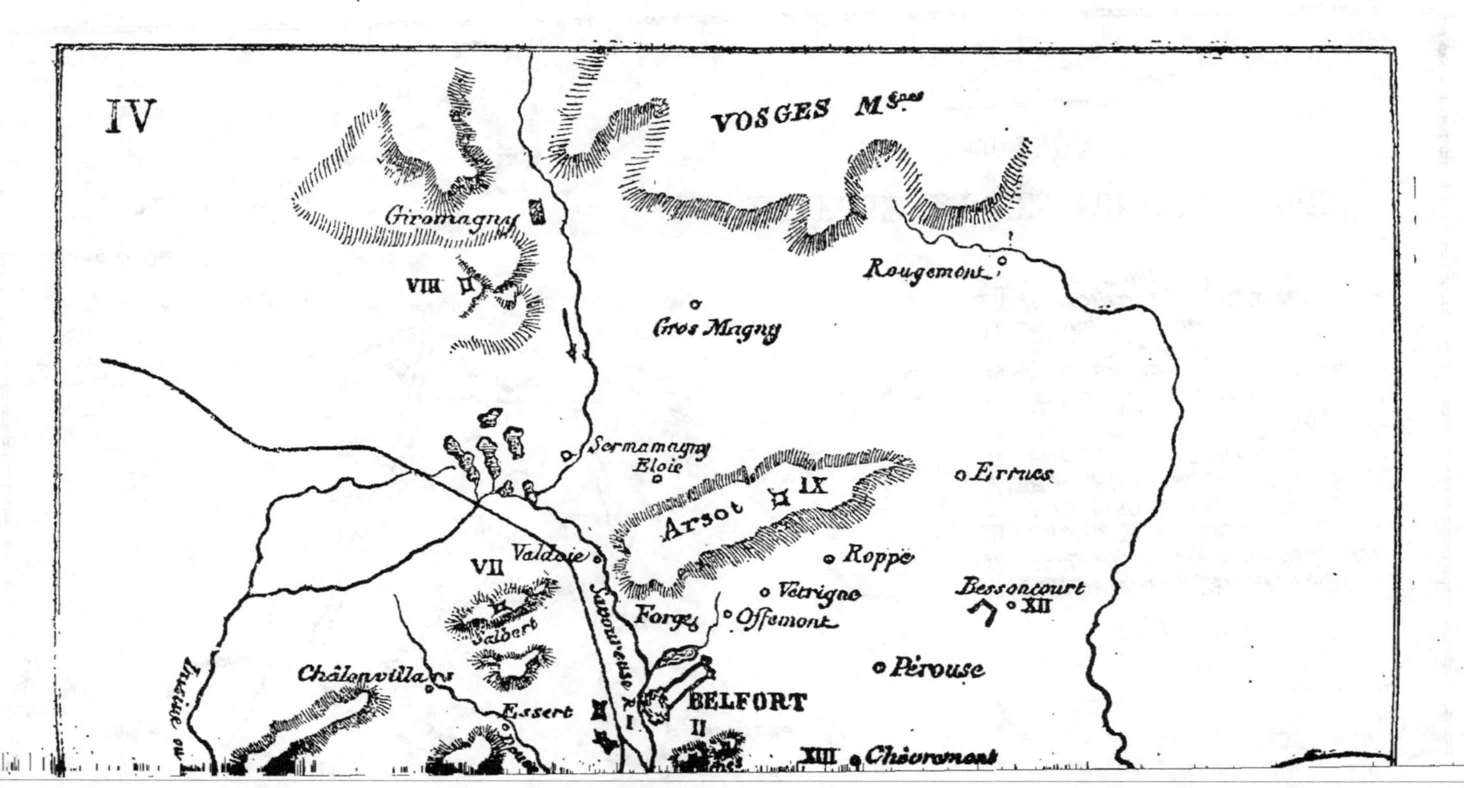

IV
VOSGES M^gnes
Giromagny
VIII II
Rougemont
Gros Magny
Sermamagny
Eloie
Arsot IX
Errues
Roppe
Valdoie
VII
Vétrigne
Bessoncourt
XII
Valdert
Forge
Offemont
Pérouse
Insieue ou
Châlonvillars
Essert
I
Savoureuse R.
BELFORT
II
XIII Chèvremont

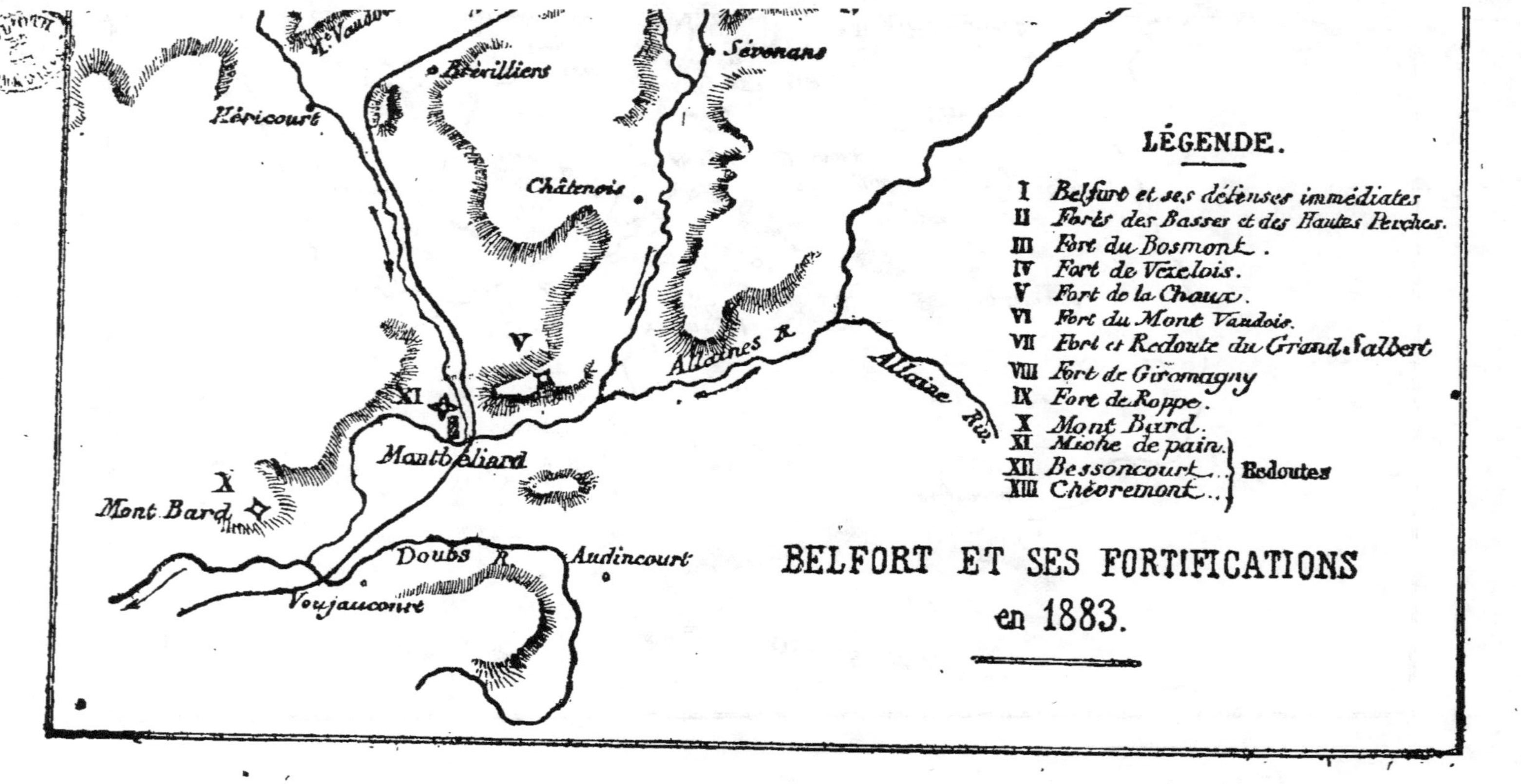

BELFORT ET SES FORTIFICATIONS en 1883.

[illegible]

et les premiers dans la vie militaire devaient être capables également de figurer au premier rang dans la vie civile. Ainsi l'exigeaient, pensait-il, la situation de l'Europe, notre situation particulière et les vrais principes démocratiques. Ainsi devait se faire la vraie fusion entre tous les éléments de notre société. Pour lui aussi, l'éducation militaire devait commencer à l'école et se continuer sans interruption jusqu'à l'entrée au régiment. Citoyens et soldats, c'était tout un.

Ces idées devaient paraître et parurent en effet bien subversives à une Assemblée toute pétrie de préjugés monarchiques. Les principes religieux de Denfert ne déplaisaient pas moins à la majorité cléricale. Il était protestant libéral ! Aux élections du Consistoire de Paris, en mars 1872, il avait accepté une candidature contre M. Guizot et obtenu une très-honorable minorité ! De plus, au mois de juillet de la même année, il avait pris une part importante aux discussions du synode général des Eglises réformées de France, et soutenu le principe de la liberté absolue des diverses confessions protestantes. Tout cela n'était guère de nature à lui concilier les sympathies, nous ne dirons pas de la droite de l'Assemblée de Versailles, mais même de ces députés timorés qui formèrent la majorité, lors de l'élection des sénateurs inamovibles par l'Assemblée elle-même et après l'adoption de la Constitution de 1875. Porté sur la liste républicaine, il ne put pas réunir sur son nom plus de 221 voix, ce qui était complètement insuffisant. Il échoua également aux élections sénatoriales de la Charente-Inférieure : il était trop « quarré [1], » dans sa loyauté pour faire la moindre concession aux électeurs sénatoriaux et, dans ce département, beaucoup plus encore que dans l'Assemblée, c'étaient les gens d'opi-

[1] Voir plus haut, p. 59

nion peu définie dont l'appoint eût pu lui assurer le succès.

Les chefs du parti républicain croyaient la présence de Denfert dans une de nos Assemblées politiques indispensable. Mais alors il fallait prendre un parti auquel Denfert ne se résigna que difficilement. La seule Assemblée qui, aux termes de la Constitution, admît des officiers en activité de service, le Sénat, lui était fermée. Il dut demander sa mise à la retraite avant d'accepter la candidature à la députation que lui offraient les républicains du VIe Arrondissement de Paris, pour les élections générales du 20 février 1876. Il trouva devant lui deux adversaires : un candidat dit radical, M. Accolas, et un monarchiste, M. Colin de Verdière. Il eut 8.975 voix contre 5.295 données à ce dernier et 1.912 données à M. Accolas. Il fut l'un des questeurs de la nouvelle Chambre. Vint le demi-coup d'état du maréchal de Mac-Mahon, la dissolution de la chambre, le 16 mai 1877. Il fut au nombre des 363 députés qui protestèrent contre l'intrigue ourdie par M. de Broglie. Détail assez piquant, aux élections du 14 octobre 1877, il eut à combattre un ennemi plus décidé que dangereux de la Révolution Française, l'auteur d'un médiocre pamphlet contre les *Volontaires de* 1792 : l'académicien Camille Rousset. Celui-ci réunit 5.636 voix ; Denfert en obtint 10.894. Il reprit son poste de questeur. Peu de temps après, il sentit les premières atteintes du mal qui devait l'emporter à Versailles le 11 mai 1878.

Partisan très-zélé de l'enseignement populaire, le colonel Denfert s'était fait inscrire au nombre des membres de la société Elémentaire de Paris[1] et de la société

[1] Fondée en 1815, par le conventionnel Carnot, la société pour l'Instruction Élémentaire a rendu et rend encore les plus signalés services. Pas une des réformes de notre enseignement primaire qu'elle n'ait recommandée à l'avance : pas une idée utile qu'elle

Statue de Denfert à Montbéliard.

On lit sur le socle la déclaration désormais célèbre : « Nous connaissons l'étendue de nos devoirs envers la France et envers la République, et nous sommes décidés à les remplir. »

d'Instruction républicaine le *Patriote*. Il avait collaboré à deux publications périodiques : la Revue d'Architecture à laquelle il avait donné un mémoire sur les *Voûtes en berceaux*, et la *Revue politique* de M. Germer Baillière. Il avait en outre revu la *Défense de Belfort*, par MM. E. Thiers et de la Laurencie et composé un petit traité intitulé : *Des Droits politiques et militaires* (1874, *in-*8°.)

Ses obsèques furent splendides, moins encore par la pompe militaire dont on les entoura que par l'énorme affluence qu'elles attirèrent. Hommes de tout âge et de toute condition, habitants de Paris et des villes voisines étaient venus se ranger derrière la députation envoyée par la ville de Belfort pour saluer une dernière fois le courageux soldat, le digne citoyen, le patriote sincère. On lui éleva une statue dans sa ville natale, à Saint-Maixent, on lui en dressa une autre à Montbéliard où il est enterré ; la ville de Paris donna son nom à l'ancienne rue d'Enfer et Bartholdi sculpta, sur le flanc Ouest du Château de Belfort, le lion colossal qui rappelle et symbolise la glorieuse résistance de la ville.

n'ait adoptée et soutenue. En ce moment même (juin 1883), elle a pour président M. Jules Ferry, le ministre de l'Instruction pu blique qui a rendu tant de services à la cause du progrès. La Société du Patriote est présidée par notre historien national, M. Henri Martin.

VIII

Le dernier siège de Belfort n'a guère laissé de traces
matérielles à Belfort même, du moins pour un obser-
vateur superficiel. Les anciennes fortifications ont été
réparées ; la petite ville, très-agrandie du côté de la
gare par les faubourgs largement ouverts et fort bien
bâtis, a repris sa physionomie d'autrefois. Elle est ani-
mée et vivante. Montez au pied du Château par une
belle matinée de mai ; allez jusqu'auprès du lion de
Bartholdi et l'énorme roche, avec ses escarpements à
pic, avec les lierres, les plantes grimpantes qui la tapis-
sent du haut en bas, avec les jolies petites fleurs bleues
qui jaillissent de la moindre fissure, avec les touffes de
lilas, les fleurs d'or dont elle est semée çà et là, vous
offrira un spectacle beaucoup plus étrange que terrible.
La jolie campagne qui se déroule devant vous par delà
la ville et les faubourgs, pourra même vous faire agréa-
blement rêver. Mais, par grâce ! avant de pousser jus-
que-là, rappelez-vous que le château de Belfort possède

Le Lion de Belfort.

Vieux moulin et château de Belfort vu du Sud.

un pigeonnier militaire ! Un roucoulement entendu tout d'un coup pourrait changer brusquement le cours de vos pensées, réveiller chez vous le souvenir toujours vivant, toujours cuisant des maux, des douleurs, des pertes de 1870, vous serrer le cœur et la gorge, vous arracher des larmes. Ne regardez pas non plus là-bas à droite, tout en haut, vers le Ballon d'Alsace, car vous vous diriez aussitôt que notre frontière s'arrête là désormais ; qu'au-delà sont de braves et généreuses populations qui voulaient rester françaises, et que nous n'avons pas su défendre contre l'étranger. Ne faites pas non plus ce qu'on appelle à Belfort « la promenade des Perches ». Car, si vous n'avez jamais maudit le second Empire, vous le maudirez cette fois ; si vous l'avez détesté, vous le détesterez plus que jamais, quelque ignorant que vous soyez des choses militaires. Quelle admirable position il avait négligé de fortifier ! Et comme ils dominent bien la place et les anciennes défenses de la place les nouveaux forts de Roppe et du Salbert, assis sur des hauteurs dont le second Empire ne se préoccupa pas non plus !

Ce qu'il faut visiter si l'on veut avoir l'idée de ce que peuvent le courage et l'indomptable persévérance, c'est la redoute en terre de Bellevue. Sauf quelques réparations légères, elle est extérieurement à peu près telle encore aujourd'hui qu'elle fut à la fin du siège. Les grosses et longues poutres disposées horizontalement sur le parapet et se projetant jusque vers le milieu du fossé, pour empêcher l'escalade, sont toujours là ; au fond du fossé se dressent encore les autres poutres placées verticalement. Mais la vue de la redoute, elle aussi, nous ramène en quelque sorte malgré nous vers le passé, nous impose un rapprochement. Pas plus que Bellevue, la France n'est désemparée. Bien loin de là, si nous ne regardons que le matériel, nous avons déjà beaucoup fait.

De la frontière du Luxembourg jusqu'au ballon d'Alsace, jusqu'au premier fort du nouveau camp retranché de Belfort, celui de Giromagny, s'étend une double, quelquefois une triple ligne de fortifications, s'appuyant les unes les autres. A partir de Giromagny, Roppe et les anciennes défenses de Belfort, avec les nouveaux forts des Hautes et des Basses Perches, du Bosmont, de Vézelois, en attendant l'achèvement des nouveaux travaux entamés de ce côté, la forteresse de la Chaux, la redoute de Montbéliard, le fort du Mont-Bart taillé dans le roc, le fort du Mont Vaudois, celui du Salbert et la redoute dont il est flanqué[1] offriraient à l'invasion un redoutable obstacle.

Mais avons-nous bien tiré profit de l'épouvantable leçon qui nous a été infligée? Sommes-nous plus réfléchis et p'us sérieux? Comprenons-nous que les appétits et les haines qui nous ont valu les désastres de 1870 ne sont point encore assouvis? Sommes-nous bien convaincus que la guerre aujourd'hui n'est plus affaire de fougue et d'emportement, mais de patiente discipline et de science ; que tout est changé dans le monde depuis 1792 et notre grande épopée militaire? Pensons-nous surtout que nous devons faire honneur à notre Constitution républicaine ; que nous sommes des initiateurs au milieu des vieilles monarchies européennes ; que, si nous voulons obtenir des sympathies à l'extérieur, il nous faut avant tout prouver que République signifie ordre, progrès, honneur et dignité ; que, plus nous avons de droits, plus nous avons de devoirs ; qu'une démocratie sans règle et sans discipline n'est qu'anarchie et faiblesse ? Faisons nous toujours taire nos passions et nos petites jalousies ? Est-ce pour nous ou pour les autres, pour la Patrie surtout que nous voulons la République ? Savons-

[1] Voir la carte n° 4.

TABLE DES MATIÈRES

FIN DE LA TABLE

Imprimerie de DESTENAY, Saint-Amand (Cher).

nous bien déjouer les manœuvres des mendiants de popularité, des forbans de la politique, fléau des démocraties? Rendons-nous, faisons-nous rendre justice au mérite? Jugeons-nous toujours les hommes d'après leurs actes et non pas d'après leurs paroles? Avons nous pu inspirer, à quiconque prétend briguer les suffrages de nos citoyens, ce respect de la souveraineté nationale qui fait que des être tarés n'oseront jamais prétendre s'imposer aux choix des électeurs? Avons-nous chassé tous les marchands du Temple? Savons-nous surtout regarder au-delà de nos frontières matérielles et penser à ceux qui souffrent pour nous? Que l'occasion de faire taire cette souffrance se présente, avons-nous assez bien suivi la recommandation de Gambetta avons-nous assez bien « refait notre sang, nos os, nos moëlles » pour racheter une bonne fois ce qu'il y a eu de faiblesses dans notre passé de citoyens et de soldats? Si nous n'en sommes pas encore là, nous devons nous reporter vers ceux qui peuvent nous servir d'exemple, qui arrivèrent à la grandeur et à la gloire, grâce à une qualité d'où naissent toutes les autres, au sentiment, au culte du devoir.

Voilà pourquoi cette étude. Les habitants de Belfort, qui animaient et maintenaient le patriotisme de nos jeunes soldats dans des épreuves jusque là sans précédent, et surtout Denfert furent gens de devoir.

FIN

AUTOGRAPHE, CARTES ET GRAVURES